U0021779

大學哲學通識入門

世界與自我　如何認識

著———譚家博

英國格拉斯哥大學
神學與宗教研究系博士

目次

獻給愛犬 Crispy (2006-2021)

自序

「讀哲學有什麼用？」用來考試囉。

無論你如何討厭哲學，只要你考上大學，你就難逃哲學通識課程的魔掌。在美國四年制大學裡，無論你屬於文、社、理、工、教育、醫、法、商或是其他學院，你在第一年也必修最少一課通識哲學課，內容多數以道德價值及批判思考為主。隨著美國四年制在世界漸漸普及，香港、澳門及臺灣的大專院校也出現了通識教育部，而其通識必修課程中必定包括哲學科。不過各大學的具體課程設計卻不盡相同。例如我曾任教的澳門大學，僅僅列十堂密集的「道德的基礎」課程為大學一年級必修哲學通識科，批判思考卻不屬必修範圍。反之，我本科就讀的香港中文大學，卻設計了「與人文對話」及「與自然對話」的一年級必修哲學通識科，內容以文本導讀為主，涉及宗教、哲學、文學與科學讀本，並不限於「道德價值」的討論。

所以，對於港澳及臺灣青年來說，讀哲學的「用處」很現實：就是要應付大學通識課程，考試高分，拉高 GPA 畢業。然而，對不少青年來說，大學哲學通識科卻是「死亡科」。四年大學畢業後，你問他們知不知道何為哲學，在大學學了什麼哲學，恐怕他們只會答你「不知道」。

港澳和臺灣青年跟歐美學生不同，除非學生本身對哲學很有興趣，閱讀了好些哲學課外書，否則他們多數在進入大專之前對哲學一無所知；而他們在中學階段所接受的填鴨式教育，更是有礙訓練他們的批判思考。相比之下，早在中學教育接觸過哲學的外國學生的優勢即顯而易見：法國學生在高中最後一年需要必修哲學，英國學生可以在 GCSE 及 GCE A Level 選修哲學或宗教研究，日本和南韓學生可以在高三選修倫理科，而國際學校的學生如果考 IB 的話，既須必修一科知識理論（theory of knowledge），又可選修一科哲學。相比之下，報考 HKDSE、澳門四校聯考或臺灣大學入學分科測驗的學生，卻從未應考過哲學相關的科目考試，

然後一下子就要在大學一年級讀哲學了，難免吃力。

　　我在澳門大學任教期間尤其留意到港澳及大陸學生的這方面的限制。這些學生多數在中學未曾接觸過哲學，最多也只是在中國語文科背過一點《論語》和《孟子》，或在宗教科背過一些《聖經》，但就從未接觸過批判思考以及歐陸哲學和東亞哲學；加上澳門大學使用英語為教學語言，令學生難以一下子理解課堂內容。有鑑及此，我便決定寫一本以初中生、高中生、大學生以及年輕人為對象、深入淺出的哲學通識入門書。

　　本書的最初構思來自 2021 年，當時有教育研究機構邀請我設計一份初中至高中的哲學教育的課程，於是我就遞交了計劃書和課綱，沒想到後來因為該機構的人事變動，課程計劃便不了了之。及後，2022 年 1 月至 6 月期間，我在澳門大學哲學與宗教研究系出任講師一職，任教兩科大學通識課程：GESB1002 道德的基礎（Foundations of Moral Values）和 GELH2008 亞洲傳統和道德價值 （Asian Tradition and Moral Values），我就把原先的材料修改和增補成上述兩通識科的講義。後來離職後，我既無事可做，就著手整理講義，並加入其他基於課堂時間以及社會政治限制而未能討論的哲學課題，因而寫成此書。

　　無可否認，強調反省與檢視一切前設的哲學教育與研究與港澳社會當前的政治氣氛格格不入。哲學無法接受不可挑戰的權威，偏偏今日社會就劃下一條又一條的紅線，要求人不能逾越。於是這些政府的教育部門就陷入自己製造的兩難局面：一方面，從教育角度，他們明白培養獨立批判思考和道德價值的重要性，因此一間大學就算沒有哲學系，也要提供哲學通識課程。然而，另一方面，從其他角度，他們又恐懼年輕人會以哲學作為思想武器與他們抗衡。於是哲學通識教育難免陷入進退維谷的局面。

　　然而，不在其位，不謀其政，如今我已自由自在，不再受這些社會條件束縛了，我亦無須再從東方的角落裡思考哲學通識教育如何掙扎求存；因此本書亦無須太多政治考量，可以專注哲學教育。

　　但是，難道年輕人閱讀本書，學習哲學，就只是爲了應付大學通識哲學嗎？爲何我要在大學讀哲學呢？我明明是選修商業、電子工程、法律、醫學等科目，跟哲學毫不相關呢！哲學關我屁事？

　　於是我們就要從大學爲何需要哲學教育開始說起。

　　哲學有澄清概念、檢視前設、建構論證的功能，故可被定義爲一種反省的方式。這種批判思考的方式對於各科領域以至日常生活也息息相關。例如寫論文時建構有效論證，聽了新聞資訊後會獨立分析而不會人云亦云，吵架時指出對方的謬誤炫耀一下……可是，如果哲學僅僅是一套服務其他學科或工作的「概念工具」，那我們學習邏輯和批判思考就足夠了，爲何還要學「價值」呢？

　　哲學另一個關心的問題，就是人生意義和價值的問題：我爲何而活？我應如何活？我如何能活出應活的生命呢？而當人進入青少年階段，人生價值和意義的問題變得尤其切身。

　　人進入青少年時期，開始意識到自己是一個獨立的個體，於是便致力定義自我的形象，抗拒家庭或學校等外在權威強加在自己身上的種種要求；這也正是所謂「反叛」的原因。然而，青少年在建立自我時，卻會遇上不少困難，例如由於無法正確認識自我（如過分自大或自卑，太過依從朋輩意見或太過孤僻），因而未能對自己作出適當的評價，或是因爲欠缺適應環境的能力而無法處理生活面對的問題——家庭、學業、朋友、戀愛等。最後，在今日資訊紛擾，政治立場壁壘分明的社會裡，價值判斷更變得困難。

　　對於少年及青年人來說，哲學最大的用處，並不是幫助你吵架或做功課（雖然邏輯學對於吵架是挺有用的），而是幫助你建立人生價值。孔子認爲他的人生意義就是克己復禮爲仁。釋迦牟尼認爲他的人生意義就是離苦得樂。耶穌認爲祂的人生意義就是拯救罪人。然而，這些哲學和宗教的答案也只供參考；孔子、釋迦牟尼或耶穌都無法代替你選擇你自己的人生

價值。哲學只是協助你尋找你自己的人生價值，真正選擇答案的人只能是你自己。

因此，本書內容具有以下特色：

一、安身立命：回應少年及青年之挑戰，以哲學作為解決其人生問題之工具。

二、立己立人：認識自己和他人，從而建構一套合情合理的價值觀和世界觀。

三、慎思明辨：培養批判思考，以應用於其他學科學習及日常生活。

四、承先啟後：承傳東亞傳統文化及哲學，檢視其長處短處，同時認識漢字文化乃華夏、日本、朝鮮共同的文化資源，跳出狹隘而淺陋的民族主義框架。

五、東西匯通：分析東亞與西方文化及哲學的異同，了解它們之間的對話與互動，提升文化國際視野，接受多元價值。

為了提升學生興趣，本書附錄了「哲學寫作練習」一章：此部分來自GESB1002 道德的基礎和 GELH2008 亞洲傳統和道德價值的期末考試或論文評核標準，要求學生選取一部動漫、漫畫、遊戲、小說、電視劇或電影，講述其如何表達所學的哲學。此寫作練習旨在令學生體會到哲學概念實與當代的文藝娛樂作品息息相關，並不「離地」。

本書得以出版，要感謝時報出版全人的鼎力相助，以及插畫師劉楚瑤同學不辭勞苦的工作。亦感謝 Victoria Harrison 教授邀請我到澳門大學任教哲學通識課程，使我能根據實際的教學經驗整合教材，寫成此書。最後，非常感謝澳門大學 2021-22 學年下學期修讀我任教的 GESB1002-014/015/016 道德的基礎及 GELH2008 亞洲傳統與道德價值的本科生，以及一眾助教的課堂參與，使我能夠根據學生的反應修訂講義，最終輯錄成

書。爲免有人誤會致謝對象，請容許在此再作澄清：我致謝的對象，只是師生，絕非校方，希望相關人士不要自作多情。

主後二〇二二年八月八日
聖道明日

凡例

本書根據課題及深淺程度，分成四卷十章，如下所示：

卷一：人生哲學

第一章　　我是誰？

第二章　　我為何而活？傳統篇

第三章　　我為何而活？存在主義篇

卷二：倫理學初階

第四章　　難為正邪定分界？

卷三：形而上學及知識論

第五章　　在嗎？古代篇

第六章　　你知不知道啊！知識論

第七章　　在嗎？近代哲學篇

第八章　　我自由嗎？形而上學進階

卷四：倫理學進階

第九章　　講就兇狠，做就……？近代倫理學

第十章　　做正經事！政治哲學篇

　　卷一為人生哲學部分，涵蓋心理學、儒釋道及存在主義。卷二為倫理學初階，涵蓋儒、墨、佛教、希臘哲學及基督宗教。此兩卷的內容，多數出自「道德的基礎」講義，少數包括心理學、道家及墨家的章節，則是獨立撰寫。卷三為形而上學及知識論，主要集中討論希臘及歐陸哲學，少數

內容觸及東亞哲學與分析哲學。此部分只有希臘哲學出自 2022 年本人在網上教育平臺《學識》任教的「神學與它的產地：潘能伯格《神學與哲學》導讀」講義，其餘都是獨立撰寫。卷四為倫理學進階，東亞與歐陸哲學並重，更強調哲學在社會政治的應用。東亞倫理學的內容多數出自「亞洲傳統與道德價值」講義，其餘政治哲學內容為獨立撰寫。

　　本書亦可作為中學教師及大學講師設計哲學課程時所使用的參考教科書；根據深淺程度，本書建議各卷及各章的教學對象如下：

	初中（中一至中三）	高中（中四至中六）	大學（三年制或四年制）
第一章　我是誰？	✓	✓	✓
第二章　我為何而活？傳統篇	✓	✓	✓
第三章　我為何而活？存在主義篇	✓	✓	✓
第四章　難為正邪定分界？		✓	✓
第五章　在嗎？古代篇		✓	✓
第六章　你知不知道啊！知識論		✓	✓
第七章　在嗎？近代哲學篇		✓	✓
第八章　我自由嗎？形而上學進階			✓
第九章　講就兇狠，做就……？近代倫理學			✓
第十章　做正經事！政治哲學篇			✓

　　然而，青年或大眾讀者則無須拘泥於上述的深淺程度建議，可以隨意選讀有興趣的章節。而附錄的哲學寫作練習，本來出自作者的大學通識哲學課程設計，故中學教師如欲應用於中學教育，請在深度及字數要求上作

出調整。

本書每一章節包括以下部分：

討論

引入該章節主題的討論問題。

圖解

爲更有效展述概念及理論，本書作者繪製了大量概念圖解，以解釋複製的東西哲學理論。

引用

鑒於目前港澳中學及大學生較少機會閱讀哲學原典，如有需要，各章節裡將截取相關原文，以增加讀者見聞。

思想

部分章節結尾會有思考練習，以便讀者掌握所學。

延伸閱讀

每一章的結尾皆有延伸閱讀的書目，鼓勵讀者自行閱讀古今東西哲學原典，主動學習哲學。

插圖角色簡介

施雯婕（思敏捷）Christine Sze

中髮，身型健壯，男人婆。機智、勇敢、直率，才思敏捷，文武相全，但性格衝動、憤世嫉俗。擅長幾乎所有運動、文學、歷史、地理、哲學、科學等。夢想成爲統治天下的「哲皇」（philosopher king）。雖然喜歡倩嘉，卻經常跟她吵架。對東亞哲學較有興趣。

吳好學（唔好學）Howard Ng

眼鏡宅男，身材嬌小，樣子呆板。勤奮，死讀書而不求甚解，不善社交，有點怕事。擅長數學、電腦、棋藝、電玩和模型。夢想成爲僞娘。喜歡穿女裝及西洋哲學，但因爲經常曲解文本而亂用哲學。

池倩嘉（痴線㗎）Cindy Tsz

長髮，身材豐滿，濃妝豔抹。自稱爲「女神」，驕傲自大、自我中心、虛僞，擅於花言巧語、收買人心，但讀書成績和體育都十分差勁，目光短淺而且胸大無腦。擅長唱歌跳舞，夢想成爲歌星。雖然喜歡雯婕，卻經常跟她吵架。本來對東亞和西洋哲學皆無興趣，不過覺得在吵架時用哲學詞彙好有型，所以開始學習哲學。

卷一：人生哲學

第一章　我是誰？

我是誰？青春期之自我探索

討論

1. 你是誰？
2. 你喜歡你目前的身分嗎？為什麼？
3. 你哪些身分是你自主決定的，哪些不是你自己選擇的？
4. 你想成為一個怎樣的人？

自我作為問題

當別人問「你是誰」的時候，你很自然會回答你的姓名。但你有沒有想過：為何「姓名」能夠代表我自己呢？大部分人的姓名不是自己選擇的，而是父母或是家中長輩決定的。

即使人長大後可以更改姓名，但人仍無法選擇自己在何時何地出生：無法選擇自己生於哪個家庭，無法選擇自己的父母，無法選擇自己所身處的歷史時空，無法選擇自己的國家、民族、文化和母語。從來沒有人問過我們的意願，「我們」就存在了。

然而，隨著人長大，一旦我們意識到「我們」存在，就可以為「我們」的身分作出選擇：選擇自己的衣著打扮，選擇朋友，選擇情人，選擇升學主修什麼科目，選擇職業等等；甚至我們還有機會更改身分證上的姓名，改變自己的宗教信仰，更改自己的國籍。我們再不是被動地接受世界與他人加諸我們身上的身分。這就是自我實現。

為何人會問「我是誰」的問題？這是因為人有自我意識：我自覺「我」的存在，並自覺「我」與他人、外物及世界的區別。

人如何建立自我？

心理學家愛利克 · 艾瑞克森（Erik Homburger Erikson，1902-1994）

認為，青春期是人形成自我意識的重要階級。他把人類心理發展階段分成以下八個階段，而每個階段皆圍繞特定課題：

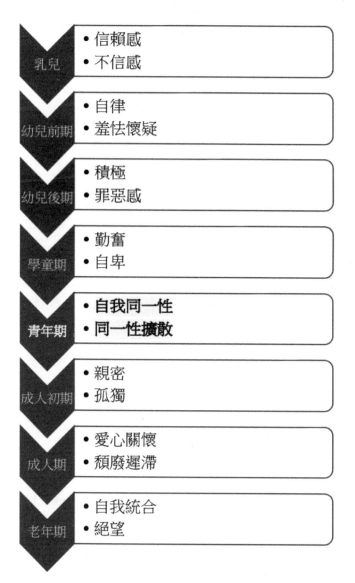

圖表 1 人生發展八階段

　　其中，青少年面對將自我同一性與同一性擴散的張力：自我同一性是指建立一個過去、現在與將來時空中對自己內在的連續主觀知覺。簡單來說，就是將「過去的我」、「現在的我」和「將來的我」整合成同一個「我」，建立持續性（continuity）和主體性（subjectivity）。然而，青少年在建立自我同一性時卻會面對困難，即所謂的同一性擴散。這些困難包括：一、欠缺自我認知，無法對自己作出適當的評價；二、欠缺適應環境力，難以處理各種矛盾；三、欠缺對社會環境的認知，價值判斷混亂。

　　為了建立自我，克服同一性擴散，我們必須建立人格。

　　美國心理學家奧爾波特（Gordon Willard Allport，1897-1967）認為，成熟的人格有六種能力：

　　1. 自我擴張：能自主投入日常生活，如學習、工作、家庭等。

　　2. 與他人建立溫暖關係：能以感情與他人聯繫，如同情、原諒、信任、寬容等。

　　3. 情緒安定：能調節自己的情緒狀態。

　　4. 現實的知覺與評價：能客觀看待世界本身，而非根據自己主觀意願扭曲世界。

　　5. 自我客觀化：能自覺自己的優缺點、長短處。

　　6. 確立人生觀：能將自己的價值及目標整合成一整全的人生觀。

　　可能你會問：哲學跟這些心理學理論有何關係？

　　哲學透過提出問題，反省相關的概念和意義，並以應用於生活的思考方法。既然「何為自我」是人生必然提問的問題，尤其是青年和少年所關切的議題，哲學就成為了人回答這人生問題的工具。例如，針對同一性擴散的問題，哲學可以有以下幫助：

　一、認識自我：古希臘哲學家蘇格拉底提出哲學的首要任務是認識自己（know thyself）。自我或主體性是古今中外哲學皆深入討論的問題。不同哲學家對於定義自我及人生意義有不同的主張，如基督宗教以成聖為目標，儒家以成德為目標，希臘哲學以知識為目標等。

　二、提升適應環境力，以應對困難：哲學除了追求認識自我以外，還追求認識世界，從而發展出回應世界的方法。例如，莊子主張逍遙遊，而不為煩惱的小事所困擾。孟子主張以五倫與他人相處，在不同的人際關係裡實現不同的道德價值，以實現自我。

　三、認識社會環境及建立價值判斷標準：一般來說，哲學不會將某一套價值標準強迫眾人接受。反之，不同的哲學對世界、社會、環境，從不同角度，提供不同的描述，並提出不同的價值判斷，供人選擇。例如，墨家認為人「交相惡」，所以天下大亂，因此提出人要「兼相愛、交相利」。佛教卻認為人生的痛苦來自欲求不滿，因而主張放下貪嗔痴以離苦得樂。

何爲哲學與宗教？終極關懷與初始關懷

討論

你的夢想是什麼？

終極關懷與初始關懷

人生中很多關懷，例如對成績、工作、收入、居住環境、生活享受的關懷，往往都只是暫時性的。但卻有些追求卻是長遠甚至永恆的。例如人總是喜歡俊男美女，總是喜歡享樂、討厭吃苦等。

我們可以大致將這些價值分成四大類：

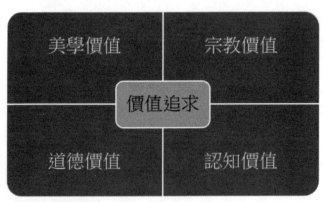

圖表 2 四種價值追求

1. 美學價值：追求情欲享受，屬於現世
2. 道德價值：追求德性和倫理，屬於現世
3. 認知價值：追求知識，屬於現世
4. 宗教價值：追求超越

然而，在這四類價值中，只有宗教是「超越現世」的，因爲宗教本身就是追求某個超越者（上帝）或狀態（涅槃）。神學家田立克（Paul

Tillich）將這種對超越的追求稱之爲終極關懷。他說：

> 我們的終極關懷是指向決定我們存在或不在之事。只有這些語句才
> 是在神學上處理其對象，使之成爲對我們存在或不在之事。（作者漢
> 譯自田立克《系統神學》第一冊，頁 14）
>
> 全體的關懷是無限的：當面對終極、無條件、全體而無限的宗教關
> 懷時，連一刻懈怠或喘息也不可能。（作者漢譯自田立克《系統神學》
> 第一冊，頁 11-12）

何為終極關懷？

當人思考人生意義的問題時，就是在問終極關懷的問題。我爲何而存
在？幾乎世上所有宗教都關心此問題，並就此提出解答。這問題是普遍
的，因爲人人皆會問；也是無條件和無限的，因爲它不會隨著時空等條件
而改變；也是全體的，因爲這問題針對的是整個人生的存在意義。

與之相反，暫時性的關懷，被田立克稱之爲初始關懷（preliminary
concern）。假設你好不幸上了由譚博士任教的哲學通識必修課，你覺得
好無聊，想馬上離開，但課堂到十二時四十五分才結束，現在才十一時半。
當下你的初始關懷就是：「悶能死人的啊，我要馬上離去！」但當時間去
到十二時四十五分下課了，這初始關懷便煙消雲散了。這就說明，初始關
懷隨時間、空間等條件而改變。因此，田立克認爲，初始關懷是有條件、
個別而有限的。

初始關懷與終極關懷之間有何關連？

初始關懷並非與終極關懷毫不相干。因爲人在問「終極關懷」的問題
時，總是在特定的處境下提問：既然如此，人難免要用當下的初始關懷去
表達「人生意義」如此抽象的問題。例如你覺得譚博士的哲學課好悶，這

是一種初始關懷，背後表達了你對「悶」的價值否定以及對「有趣」的價值追求，這正是一種終極關懷。如此一來，初始關懷就成了表達終極關懷的工具。

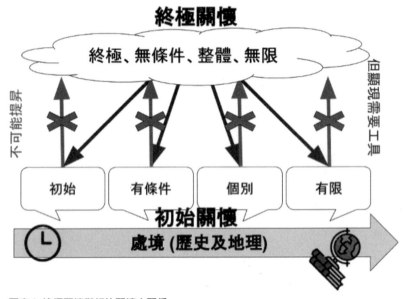

圖表 3 終極關懷與初始關懷之關係

　　不過，要留意的是，初始關懷永遠不可能成為終極關懷，只能作為終極關懷的表達工具；如果我們將初始關懷提升成終極關懷，就會產生混亂。最容易出現混亂的例子就是政治關懷。在田立克的理論框架下，政治關懷是初始關懷，因為政治問題總是針對特定的政治處境而生；故然，政治關懷可以表達一些終極價值，如人權價值，但如果人將某一種政治主張或意識形態，當成是放諸四海皆準、人生最高的意義追求，那就有問題了，因為政治關懷事實上不是普遍而永恆的，一旦歷史、社會、地理等條件改變，政治關懷就改變了。如果人卻仍以為舊有的政治關懷是永恆不變的普遍原則，死抱意識形態不放，就會與時代脫節；如果這些人還是掌權者，就會引起社會動盪。

終極關懷與哲學和宗教有何關係？

田立克認為，宗教關心的是終極關懷，也就是存有的意義；但哲學關心的卻是「存有自身的結構」（《系統神學》卷一頁 22）。

在田立克的框架下，哲學旨在分析存有的結構。例如形而上學（metaphysics）研究何為存有，知識論（epistemology）研究何為知識，倫理學（ethics）研究何為道德等等，都是在分析結構。

但這劃分仍有問題：若套用於東亞哲學，即可發現大部分的哲學流派關心的不是存有結構，而是存有意義。例如儒學關心實踐仁，佛學關心離苦得樂，道家關心逍遙等等。他們更關心的是人生意義。如此一來，在東亞的處境，似乎我們難以區分宗教與哲學。

哲學家楊德爾（Keith Yandell，1938-2020）則改以「診斷」與「治療」去定義宗教。他說：

宗教提出診斷（對人類所面對的基本問題的描述）以及診斷（永遠遠離及最好解決這問題的方式。（作者譯自楊德爾《宗教哲學的當代概論》頁 17）

但楊德爾的定義依然無助於我們區分宗教與哲學，因為我們同樣可以說東亞哲學也為人生問題提供診斷和治療。例如儒家認為人生的問題就是未能體現仁，所以人要克己復禮為仁，在這意義下儒家也被當成是宗教了。

因此，哲學與宗教的界線比一般人所想像模糊得多。本書作為入門書，亦不欲深入區分哲學與宗教之界線；反而，在往後的章節裡，基於部分哲學與宗教共同關心人生意義，我們將把終極關懷、診斷與治療三個概念工具同樣應用於解釋哲學流派的主張。

思考

試討論以下初始關懷所表達的終極關懷：

1. 我肚子餓想吃飯。

2. 他想看《浪客劍心》新番。

3. 她討厭昆蟲。

4. 中澤伊織老師原諒了上課睡覺的伊東武成同學。

5. 相澤紫瑛老師因為被中澤伊織老師恥笑他不會用筷子，所以還在生氣呢。

延伸閱讀

Allport, Gordon Willard, *Personality: A psychological interpretation*, New York: Holt, Rinehart, & Winston, 1937.

Erikson, Erik Homburger, *Childhood and Society*, New York: Norton, 1950.

Tillich, Paul. *Systematic Theology* 3vols. Vol. 1-3, Chicago: Chicago University Press, 1951.

田立克著、龔書森及尤隆文譯，《系統神學（第一卷）》（臺北：臺灣教會公報社，1993 年）

陳特，《倫理學釋論》，臺北：東大出版社，2019。

陶國璋，《哲學的追尋》，香港：香港中文大學，2004。

傅佩榮，《哲學與人生》，臺北：天下文化，2018。

第二章　我爲何而活？傳統篇

孔子的儒家人生觀

討論

1. 如果你父母偷竊，你會怎樣做？舉報他們嗎？爲什麼？
2. 如果你父母謀殺他人，你會怎樣做？你會舉報他們嗎？爲什麼？

孔子和孟子都曾經面對以上道德難題，並提出其獨特的回應。有次，葉公便問孔子，如果父親偷羊，你鄉下的人會如何是好：

> 葉公語孔子曰：「吾黨有直躬者，其父攘羊，而子證之。」孔子曰：「吾黨之直者異於是。父爲子隱，子爲父隱，直在其中矣。」（《論語・子路》）

孔子的回應竟然是：兒子要隱藏父親的罪，父親要隱藏兒子的罪。

孟子的學生桃應的提問更誇張：假設舜帝的父親瞽叟殺人，舜會如何是好？

> 桃應問曰：「舜爲天子，皋陶爲士，瞽瞍殺人，則如之何？」孟子曰：「執之而已矣。」「然則舜不禁與？」曰：「夫舜惡得而禁之？夫有所受之也。」「然則舜如之何？」曰：「舜視棄天下，猶棄敝蹝也。竊負而逃，遵海濱而處，終身訢然，樂而忘天下。」（《孟子・盡心上》）

孟子的回應竟然是舜會棄帝位而跟父親逃亡。

從今日的法律眼光來看，孔子叫人隱瞞犯罪，孟子叫人潛逃，不是教人犯法嗎？可是在春秋戰國時代的他們並無今日「法律」的觀念；他們所

關心的是「仁」、「義」和「禮」。

何為禮？

生於春秋時代的孔子（西元前 551-479）的終極關懷是「如何實現仁」。當時他面對的初始關懷是要解決東周末年諸侯割據，戰禍連年，禮崩樂壞（周朝禮樂失去了維護和平與道德的原有功能；用牟宗三的說法，就是「周文疲弊」）的政局。而他對人生問題的診斷是：世界之所以混亂，是由於欠缺仁、義和禮，所以治療方法就是克己復禮，恢復禮樂制度的道德價值，最終恢復個人的道德。因此孔子學說不僅只有社會面向，亦有恢復個人道德的個人面向。

禮不只是儀式與條文。牟宗三在《中國哲學十九講》指出，孔子認為禮樂制度背後反映兩種道德價值：親親和尊尊。牟宗三說：「親親是就著家庭骨肉的關係說。親其所親，子女最親的是父母，父母最親的是子女，往橫的看，就是兄弟，這就是屬於親親。……尊尊【是】尊其所應該尊的。為什麼我要尊他呢？因為他有客觀的地位。」（〈第三講中國哲學之重點以及先秦諸子之起源問題〉《中國哲學十九講》頁 57）

孔子的任務是要把禮樂制度「生命化」。（頁 61）因此，孔子強調的不是形式，而是禮儀背後所表達的道德情感。孔子說：

> 禮云禮云，玉帛云乎哉？樂云樂云，鐘鼓云乎哉？（《論語‧陽貨》）
>
> 人而不仁，如禮何？人而不仁，如樂何？（《論語‧八佾》）
>
> 林放問禮之本。子曰：「大哉問！禮，與其奢也，寧儉；喪，與其易也，寧戚。」（《論語‧八佾》）

何為義？

　　義就是禮背後所表達的「秩序」；義不是取決於利益，不是視乎後果，而是涉及「正當性」，即一事應為或不應為，是一種責任。如孔子所言：

　　君子義以為質，禮以行之，孫以出之，信以成之。君子哉！（《論語·衛靈公》）

　　而正當性的標準，就是孔子最高的道德價值，即「仁」。

何為仁？

　　仁是一種道德情感。但這種道德情感不是基督宗教那種「普世愛」，而是一種親疏有別的「差別愛」：愛父母多於愛外人。而孔子的學生有子認為，孝弟是仁之根本：

　　有子曰：「其為人也孝弟，而好犯上者，鮮矣；不好犯上，而好作亂者，未之有也。君子務本，本立而道生。孝弟也者，其為仁之本與！」（《論語·學而》）

　　不過，要留意的是，雖然孔子認為仁始於有差別、有偏好的孝順，但這種偏好是一種道德親疏偏好，而不是欲望的喜好。因此牟宗三如此解釋：

　　孔子的重點是講仁，重視講仁就是開主體，道德意識強就要重視主體。仁是我自己的事情呀，「我欲仁，斯仁至矣。」（〈述而〉）「一日克己復禮，天下歸仁焉。」（〈顏淵〉）孔子從那個地方指點仁呢？就從你的心安不安這個地方來指點仁。（《中國哲學十九講》頁77-78）

　　由於仁取決於個人內心的安與不安，因此仁亦帶出個人道德主體性：道德取決於個人主體或「道德自我」的判斷，而不是社會或他人說什麼是道德，個人就隨波逐流而行。

　　克己復禮爲仁。一日克己復禮，天下歸仁焉。爲仁由己，而由人乎哉？（《論語・顏淵》）

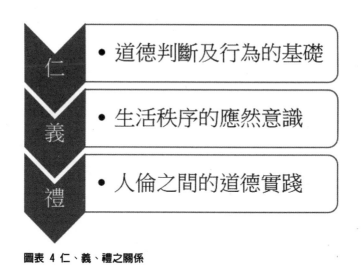

圖表 4 仁、義、禮之關係

如何實踐孔子的倫理主張？

　　爲了實踐自己的道德理想，孔子提出「正名」論：君君、臣臣、父父、子子。這與孔子對當時的政局判斷有關：春秋時代，周天子地位旁落，諸侯互相攻伐，並不尊重對方的地位，甚至篡位、弑君亦時有發生。因此，孔子認爲，要恢復天下太平，首先大家要重新遵行周朝禮樂制度。

　　君君，臣臣，父父，子子。（《論語・顏淵》）

　　天下有道，則禮樂征伐自天子出；天下無道，則禮樂征伐自諸侯出。（《論語・季氏》）

　　因此,「君君、臣臣、父父、子子」不是強調階級歧視,而是強調各人在禮樂制度下應承擔相應的責任。君主要有君主的責任,大臣要有大臣的責任,父親要像父親,兒子要像兒子。

　　但爲何孔子認爲只要大家履行自己的責任,就能夠帶來和平呢?孔子反過來說:如果沒有「名正言順」,社會就會發生混亂。子曰:

> 名不正,則言不順;言不順,則事不成;事不成,則禮樂不興;禮
> 樂不興,則刑罰不中;刑罰不中,則民無所措手足。(《論語·子路》)

　　孔子的論證是:名不正→言不順→事不成→禮樂不興→刑罰不中→民無所措手足。只要朝廷裡大家不根據自己的「名分」(角色)履行自己的責任,制度的執行就變得混亂,令人民手足無措。所以,孔子認爲唯有大家履行責任,才能令人民生活如常。

　　所以,我們可以把孔子的推論簡化如下:

> 因爲「名不正言不順→民無所措手足」
> 所以「名正言順→民有所措手足」

　　可是,孔子的說法在邏輯上存在問題。邏輯學上,非 P →非 Q 爲眞不能推論出 P → Q 爲眞,因爲這忽略了其他因素。例如,「如果你不努力溫習,你考試不及格」無法推論得出「如果你努力溫習,你考試及格」,因爲你考試是否合格同時受制於其他因素:溫書方法是否正確、你的智力水準(希望沒有問題)以及改卷員的評分準則等等。同理,名不正言不順→民無所措手足」無法證明「名正言順→民有所措手足」;這就是說:禮樂制度不是維護社會和平、恢復道德的唯一可行手段。

　　事實上,周朝禮樂制度只是中國歷史的特殊產物;然而,在沒有禮樂

制度的其他社會裡，它們仍有其他方式去維持社會和平或實現道德，例如透過宗教（基督宗教等）。孔子只知道禮樂這個「踐仁」的手段，卻未能證明禮樂是道德實踐必須並且唯一的方法。反之，墨家和道家由於看不見禮樂制度的必要性，因此就繞過禮樂制度去實現道德。

老子與莊子的道家人生觀

討論

做人那麼辛苦是為了什麼？

香港和澳門都是繁忙的商業社會（起碼曾經是啦，雖然近幾年經濟蕭條）。不少人每日勞勞碌碌，營營役役，工時很長。但他們為何而賺錢呢？賺錢除了是維持生計外，他們可能也是為了消費享受生活：玩遊戲課金、買模型、買手袋、吃喝玩樂、旅行等等。但享樂過後，假期結束，又要回去工作。這難免令人感到失落。

對於學生來說，讀書到底是為了什麼，更是一大哉問。中學老師或者會告訴你：讀好書，考到好分數，就能進入好大學，但為何要進入一所好大學呢？難道是為自己中學爭取好排名嗎，為班主任製造好看的業績嗎？可能有人會說，能進所好大學，畢業後就能高薪厚職，過風花雪月的生活。這種謊言在這些年頭一點說服力也沒有。港大、中大、科大等名校大學畢業變失業，或變成低薪的半職或自由職業者，實在多不勝數。就算當你大學畢業後僥倖進了大企業，當上高層，這也不代表你就能過著幸福的生活，因為每天在辦公室等待你的可能是刻薄的上司、奸險的同事、無能的下屬，還有巨大的工作壓力。於是人不禁會捫心自問：我追逐名利到底是為了什麼？

相比起儒家和墨家積極入世，希望改變社會，道家卻對於人生和社會種種追求都顯得有點「灰心意冷」，因而被人批評為消極、出世的思想。不過，與其說道家對人生追求灰心意冷，倒不如說道家否定把人生寄託於世俗物質之上。

道家思想以的老子（西元前 571-471）和莊子（西元前 369-286）為代表，主張順其自然及「道」。

何為道？

要理解「道」，我們先要理解老子的「無為」。牟宗三指出，無為是相對於「有為」而存在。「有為就是造作。照道家看，一有造作就不自然、不自在，就有虛偽。」（《中國哲學十九講》〈第五講〉頁89）老子生於春秋時代，而春秋時周朝的禮樂制度已經變成行禮如儀的形式主義，其價值盡失。老子因而斷定人為的典章制度無意義，是人類心靈的束縛，因而否定之；這就是無為。如老子所言：

> 為學日益，為道日損。損之又損，以至於無為。無為而無不為。取天下常以無事，及其有事，不足以取天下。（《道德經》38）

無為不是不作為，反之是不斷進行「損」的作為。損，就是否定或減少，跟益（增益或肯定）相反。學習典章制度，是在肯定典章制度，但老子認為要回到「道」，就要去除人為、人工之事，所以要損。無為就是要回歸自然。

由於道家否定人為，自然也否定禮樂，難免與儒家對立。老子本人甚至認為仁義這些德行的出現，正是由於大道衰落的結果：

> 大道廢，有仁義；智慧出，有大偽；六親不和，有孝慈；國家昏亂，有忠臣。……絕聖棄智，民利百倍；絕仁棄義，民復孝慈；絕巧棄利，盜賊無有。此三者以為文不足。故令有所屬：見素抱樸，少私寡欲。（《道德經》18-19）

表面上，老子的說法好似是否定一切道德價值，很易引來儒家批評。但老子之意不在此。試想像一下，在一個人人相親相愛的原始社會，既然沒有人不相親相愛，則無需要以禮樂教化人去行什麼「仁義」，仁義亦沒

有因為有惡欲的對照而被凸顯其價值和意義。甚至未有語言文字的原始人可能還沒有「仁義」這些名字、這個概念。老子就是追求回復到這一種理想的自然狀態之中，當然可不可行是另一回事。

　　莊子也有類似的說法，就是指出人有「成心」分別事物，後才出現是非等概念區分，因而出現辯論，各蔽於一面，而無法得見道的本體：

> 夫隨其成心而師之，誰獨且無師乎？奚必知代而心自取者有之？愚者與有焉。未成乎心而有是非，是今日適越而昔至也。是以無有為有。無有為有，雖有神禹，且不能知，吾獨且奈何哉！夫言非吹也。言者有言，其所言者特未定也。（《莊子‧內篇》〈齊物論〉4）

　　當把人為的束縛都去除了，人就可以「自由」，這就是道家所言的「自然」。道家之自然並不是指物理上的「大自然」，而是牟宗三所言的「自由自在、自己如此，就是無所依靠、精神獨立」（《中國哲學十九講》〈第五講〉頁90）。當人做到自然，就能體悟「道」：

> 有物混成，先天地生。寂兮寥兮，獨立不改，周行而不殆，可以為天下母。吾不知其名，字之曰道，強為之名曰大。大曰逝，逝曰遠，遠曰反。故道大，天大，地大，王亦大。域中有四大，而王居其一焉。人法地，地法天，天法道，道法自然。（《道德經》24）

　　當人自然後，就可以體悟道。在上文，老子同時指出，作為先於一切人為事物（包括語言）而存在的宇宙本源，道是難以用語言描述，只能勉強用「道」稱呼之。老子曰：

> 道可道，非常道。名可名，非常名。無名天地之始；有名萬物之母。

故常無欲，以觀其妙；常有欲，以觀其徼。此兩者，同出而異名，同
謂之玄。玄之又玄，眾妙之門。（《道德經》1）

老子認爲，由於道是萬物之始，先於「名」而存在，是「無名」的，
因此無法被語言描述。道這種對語言等所有人爲事物的超越，使之擁有超
越性：不受制於任何事物。莊子將這種超越性具體描述爲道的「無處不
在」。在《莊子》外篇《知北遊第廿二》，東郭子問莊子道在哪裡，莊子
即說在螻蟻、稊稗、瓦甓甚至屎溺之中，也有道，因爲「至道若是，大言
亦然」，道就是無處不在。

由於老子反對人爲，因此亦反對欲望追求，因爲追逐外物會使人失去
自由，受制於外在條件：

五色令人目盲；五音令人耳聾；五味令人口爽；馳騁田獵，令人心
發狂；難得之貨，令人行妨。是以聖人爲腹不爲目，故去彼取此。（《道
德經》12）

欲望是否得到滿足，完全取決於外在條件。你想旅行，但飛機停飛了，
封關了，就無法成行，於是你欲望不得滿足，因而痛苦。

用莊子的說法就是：人要達至「逍遙」的境界，即完全不受制於外物
和欲望，才能得到眞正的自由。「逍遙」的境界體現於無用之用。莊子跟
友人惠子有如此對話：

惠子謂莊子曰：「吾有大樹，人謂之樗。其大本擁腫而不中繩墨，
其小枝卷曲而不中規矩，立之塗，匠者不顧。今子之言，大而無用，
眾所同去也。」……莊子曰：「……今子有大樹，患其無用，何不樹
之於無何有之鄉，廣莫之野，彷徨乎無爲其側，逍遙乎寢臥其下？不

夭斤斧，物無害者，無所可用，安所困苦哉！」（《莊子‧逍遙遊》）

　　惠子向莊子抱怨自己院中有一棵無用的樗樹，因為莖上多樹瘤而無法以繩墨取直，樹枝因彎曲而無法用尺量度。就算放在路邊，工匠都不屑一顧。這棵樗樹就跟莊子言論一樣大而無用，所以被人嫌棄。莊子卻回答：你有大樹而抱怨它無用，為何不把它種在沒有一無所有的鄉村，讓人逍遙地躺在樹下？這樹不會因為被砍伐而死亡，不會有人侵害它，無用途可言，還有什麼好抱怨呢？

　　莊子一話說明了逍遙自在在於保存自身，不會因為追逐「用」而被消耗。要做到逍遙境界，人就要做到齊物，即擺脫判別事物的成心，明白宇宙萬物本為一體的道理：

　　天地與我並生，而萬物與我為一。既已為一矣，且得有言乎？（《莊子‧齊物論》9）

　　昔者莊周夢為胡蝶，栩栩然胡蝶也，自喻適志與！不知周也。俄然覺，則蘧蘧然周也。不知周之夢為胡蝶與，胡蝶之夢為周與？周與胡蝶，則必有分矣。此之謂物化。（《莊子‧齊物論》14）

　　莊子以莊周夢蝶為喻：他一夜夢見自己化成蝴蝶，夢醒後卻問到底是他發夢變成蝴蝶，還是蝴蝶發夢變成莊子。但莊子卻沒有如笛卡兒（見第六及第七章）一樣深究到底他如何判斷自己是醒來還是發夢，到底世界存不存在，因為這些是非的討論都是「成心」的活動。莊子轉而指出，人跟蝴蝶的分別，只在於物體化成後的分別，但兩者同屬同一道，本來並無區別。

　　能達到逍遙境界的人，就是真人：

何謂眞人？古之眞人，不逆寡，不雄成，不謨士。若然者，過而弗悔，當而不自得也。若然者，登高不慄，入水不濡，入火不熱。是知之能登假於道也若此。……古之眞人，其寢不夢，其覺無憂，其食不甘，其息深深。眞人之息以踵，眾人之息以喉。屈服者，其嗌言若哇。其耆欲深者，其天機淺。（《莊子・內篇》〈大宗師〉1）

　　由於老子主無為，莊子主逍遙，兩者皆否定人為，認為禮樂制度等人為的文明束縛人性，所以兩者皆被視為出世哲學，與儒家、墨家甚至法家的入世哲學對立。用現代的說法就是：老子和莊子皆追求個人自由。可是，活在二十一世紀機不離手的文明社會的我們不禁問：全盤否定人為，回歸自然，眞的可行嗎？在個人層面或者可能，道士可以隱居去修練。但整個社會不能隱居；現代社會運作就依賴各樣人為的社會文化、法律制度和科技等等去維持運作。否定人為，等同否定文明，甚至否定社會。道家這種極端對於自由的嚮往，到底是否能實現於社會，是一大問題；而當社會多數人都變得消極，不再追求生產和消費，經濟更加會陷入蕭條，社會亦會陷入癱瘓，這又是另一大問題。

佛教人生觀：離苦得樂

討論

你有沒有一些事物很想得到？當你無法滿足你的欲望時，你如何面對那種失落的情緒？

與基督宗教或儒家等積極「入世」、為目標奮鬥的宗教相反，佛教主張人要「放下」執著，因為佛教認為欲望正是人生痛苦之根源。佛教對人生問題的診斷是：欲望不得滿足使人生甚為痛苦；其治療方法則是：離苦得樂。所以佛教的終極關懷是人如何才能「離苦得樂」。

佛教由釋迦牟尼（西元前 563/480-483/400）所創立。佛教對人生問題的診斷及治療可以用四聖諦總結：

1. 苦：人生之痛苦即為欲望永不得滿足。
2. 集：苦的原因源自人的欲望（以十二因緣解釋，詳見第六章）。
3. 滅：痛苦可以被涅槃消滅。
4. 道：實踐八正道以達至涅槃。

諦（satya）的梵語原文解作真理，而漢文字義則是指「審知」。

諸比丘，此是苦諦。生是苦，老是苦，病是苦，死是苦，怨憎會是苦，愛別離是苦，求不得是苦，簡言之，五取蘊是苦。……諸比丘，此是集諦。輪迴之因是貪，情欲執著彼此，貪著感官享受，貪著存有，貪著無有。……諸比丘，此是滅諦。徹底遠離、捨離貪欲，由此得解脫而沒任何執取。……諸比丘，此是道諦。即八正道：正見、正思維、正語、正業、正命、正精進、正念、正定。（《雜阿含經・三九三經》）

為何欲望永不得滿足？

佛教認爲人未覺悟之前，皆處於「無明」的狀態，即不知道欲望不滿足會帶來痛苦。無明產生三毒：

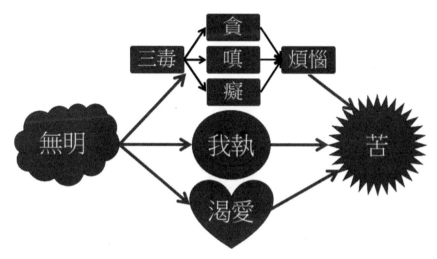

圖表 5 三毒

1. 貪：貪心
2. 嗔：恚忿之心
3. 痴：迷闇之心，不知道事物因果，因而受迷惑，即無明。

三毒是三種負面的情緒，稱之爲煩惱。

三毒背後假設了渴愛和我執：渴愛即是追求滿足，而滿足的對象，正是一個實在「自我」。故渴愛其實就是執著於滿足自我。當自我永遠不得滿足，人即陷入苦。

苦可分成八種，稱之爲八苦：

1. 生（人未有選擇生存，就被生於世上）

2.老（人欲年青不欲衰老，然而人必老）

3.病（人欲健康不欲病，然而人難免生病）

4.死（人欲生不欲死，然而人必死）

5.怨憎會苦：與厭惡之人或事物相遇。

6.愛別離苦：與喜愛之人或事物分離。

7.求不得苦：無法得到所求之人或事物。

8.五蘊盛苦：心身感官知覺所導致之苦，是其餘七苦之本源。

彼云何名爲苦諦。所謂苦諦者。生苦・老苦・病苦・死苦・憂悲惱苦・怨憎會苦・恩愛別離苦・所欲不得苦。取要言之。五盛陰苦。是謂名爲苦諦。（《增壹阿含經・四諦品》）

上述八苦，都是由於事實與欲望相違，而使人欲望不得滿足的狀態。

為何佛教不承認存在「自我」？

關於這一點，會在「十二因緣」之章節詳述。簡單來說，這跟佛教的心靈哲學立場相關：佛教認爲自我意識只是感官知覺（五蘊）的結果。

假設你登山，遇見青竹蛇，然後嚇得逃跑。從佛學角度來看，你所看見的卻不是青竹蛇的「實體」，而只是看見青竹蛇的表象，這稱之爲色；此表象是眞是假，背後有無實體，你並不知道。此「色」被你的感官知覺如視覺接收，此過程稱之爲「受」。然後你腦海即浮現蛇的訊息，這就是「想」。根據此想法，你腦海得出「逃跑」的判斷，這種判斷稱爲「行」。但誰去逃跑呢？當然是「我」逃跑。所以去到最後一步，人才產生「自我意識」，發現自己面對毒蛇，要馬上逃跑。

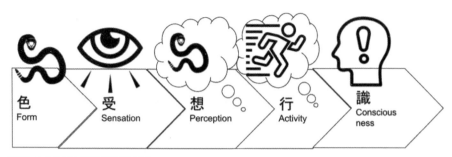

圖表 6 五蘊與自我意識的形成

　　因此，佛教認為自我意識是感官知覺或與外物接觸的結果。若無感官知覺，則無自我意識。我們可以想像：如果一人一生下來就無視覺、嗅覺、聽覺、味覺和觸覺，從佛學角度來看，他應無自我意識。但這到底是否事實？

　　故然，我們可以說，「意識到要逃跑的我」產生自「對蛇的知覺」，如人不遇見蛇，則無此特殊的自我意識。但這特殊的自我意識又是否等於整體的自我意識呢？我們可以爭辯說：無論是感到冷的我、感到熱的我、感到高興的我和感到難過的我，都是同一個「我」，而這個「我」卻是獨立於上述所有特殊知覺意識之「小我」，並能將這些小我統合的「大我」。

　　佛教認為，人只有遵行八正道，才能脫離欲望的束縛，達至涅槃。八正道分別為：

　　1.正見：正確的見解，即認識佛理。

　　2.正思維：正確的思維，包括：出離思維（遠離貪業）、無恚思維（消除嗔怒）以及無害思維（消除殘忍）。

　　3.正語：合乎佛法的正當言語。

　　4.正業：合乎佛法的正確的行為，包括不殺生、不偷盜、不邪淫等。

　　5.正命：正當的生活方式。

　　6.正精進：為修佛法而努力。

7. 正念：保持正當的意念，不要陷落回到妄念。

8. 正定：正確的冥想。

延伸閱讀

牟宗三，《中國哲學十九講》，臺北：臺灣學生書局，2020。

余培林，《新譯老子讀本》，臺北：三民書局，2014。

胡楚生，《新譯論語新編解義》，臺北：三民書局，2012。

黃錦鋐，《新譯莊子讀本》，臺北：三民書局，2007。

聖嚴法師，《正信的佛教》，臺北：財團法人法鼓山文教基金會 - 法鼓文化，2015。

謝冰瑩，《新譯四書讀本》，臺北：三民書局，2007。

第三章　我爲何而活？存在主義篇

存在主義之海德格：向死存有

討論

人生的意義是什麼？

　　所有生物總有一死，人也不例外。而求生避死是生物的本能；面對死亡，生物便實現避死的意志。但人面對死亡，卻還會觸發對生命意義的思考：既然人總有一死，那麼今世的人生有何意義呢？

　　要理解人存在的意義，首先要理解「存在」。海德格在《存在與時間》提出此在（Dasein）的概念；德語 Dasein 由 Da（此時此地）和 sein（存有、是）所組成；在海德格的語境下，此在是指人獨有的存有經驗，即人對於「存在」本身的體會：

> 對存在的領會本身就是此在的存在的規定。　此在在存在者層在上的與眾不同之處在於：它在存在詮層次上存在。　（《存在與時間》頁 12；陳嘉映、王慶節譯，頁 15）

　　表面上，死亡是此在的終結：

> 此在在死亡中達到整全同時就是喪失了此之在，向不再此在的過渡恰恰使此在不可能去經驗這種過渡，不可能把它當作經驗過的過渡來相以領略，就每一個此在本身來說，這種事情當然可能對它始終秘而不宣。　但他人的死亡卻愈發觸人心弦。　從而，此在的某種了結「在客觀上」是可以通達的，此在能夠在得某種死亡經驗，尤其是因爲它本質上就共他人存在。死亡的這種「客觀」決定性於是也必定使某種對此在整體性的存在論界說成爲可能。　（《存在與時間》頁 238；陳

嘉映、王慶節譯，頁 297）

　　這就是海德格所言的向死存有（德語：Sein zum Tode，英語：Being-towards-Death），也就是此在與「無」的內在關係。這關係之所內在，是因為此在本身必然與死亡相關：由人生於世上開始，人已經趨向死亡了。面對死亡，人便思考在死亡之前的人生應實現那些價值和意義。

　　然而，日本哲學家和辻哲郎（1889-1960）卻批評海德格這種對人生的理解非常片面。和辻認為，「向死存有」只是個人此在的經驗，所說的只是個人的死亡；然而，從社會及人類整體來看，人卻應如狄爾泰（Wihelm Dilthey，1833-1911）所言，是向生存有（德語：Sein zum Leben），因為一人死了，社會依然繼續繁殖和承傳，如《易經》所言一樣「生生不息」。

　　不過，即使人的存在的本質並非如海德格所言是「向死存有」，我們仍可以說，人生哲學乃是由生死問題切入。海德格屬於西方傳統，受基督宗教影響，而基督宗教正由死切入，討論罪（詳見基督宗教一節），希望脫離罪惡和死亡，以得到公義和永生；佛教亦是由死切入，討論苦（詳見佛教一節），希望離苦得樂。儒家卻從生而切入，關心造人處世如何實踐仁。不過，對於無神論存在主義來說，既然他們不能訴諸宗教，只好在人生意義的問題上另闢蹊徑，如下一節所述。

存在主義之沙特：虛無

討論
你相信有命運嗎？為什麼？

相信命運的人往往以為人生所有事情都已被命定，個人沒有選擇的自由。然而，存在主義者沙特卻剛好相反，認為人擁有絕對的選擇自由。

何為存在主義？

存在主義（existentialism）關心人類存在與經驗，強調要回應「存在危機」（existential angst），即回應「我的存在有何意義」之問題。因此，存在主義哲學家往往反對傳統「離地」、「抽象」的哲學系統，強調回到存在處境本身。

雖然齊克果被視為存在主義之父，然而他本人從未使用存在主義一詞。首次提出存在主義一詞的實為法國天主教哲學家馬塞爾（Gabriel Marcel，1889-1979）所提出，以形容齊克果及沙特（Jean Paul Sartre，1905-1980）。沙特最初抗拒此稱呼，然而後來卻接受此稱呼，並於 1946 年寫下《存在主義是一種人道主義》（法語：L'existentialisme est un humanisme）。

根據《存在主義是一種人道主義》，存在主義有兩大綱領：

一、存在先於本質　（法語：l'existence précède l'essence）

沙特指出，希臘哲學家以及基督宗教皆相信「本質先於存在」（法語：l'essence précède l'existence）。基督宗教相信上帝創造一切，然則人類存在之先，上帝已經預先設計了人類的本質。同理，亞里士多德的四因說中，有「目的因」，認為一事物之發生背後必先有一「目的」，例如建房子的

目的因是供人居住，下雨的目的因是滋潤萬物。

但沙特否定上帝和目的因存在。他引用海德格（Martin Heidegger，1889-1976）的投擲性（英語：thrownness，法語：Être-jeté，德語：Geworfenheit）的概念，認為人和事物就只是漫無目的地突然被投擲到當下而存在。既然沒有任何創造者或原因限制存在，就無本質界定存在，因此人的存在沒有本質，人的意義完全是由自己當下決定。

二、「人被判定自由」（法語：l'homme est condamné à être libre）

人永遠有選擇的自由而且必須作出選擇，無法逃避選擇。

1940 年，沙特有一位年青學生面對一選擇困難，因而向沙特求助。當時法國已被納粹德國侵略，這位年輕人面對一掙扎：一方面，他希望到英國參加自由法國反抗軍，另一方面，他卻希望留在家中照顧無依無靠的母親。於是他面對兩種道德的矛盾：愛國心與孝順的矛盾。但沙特指出，他無法幫助這年輕人，因為只有這年輕人自己才能作出選擇：到底愛國還是孝順重要，完全取決於該年輕人的主觀選擇。

沙特甚至認為，就算是被監禁的囚犯仍有選擇的自由。因為監獄只能監禁其身體，不能監禁其思想。囚犯依然可以選擇逃獄或服刑；只有當囚犯自主選擇服刑，牢房才能把他困住。

另一位存在主義作家卡繆提出以西西弗斯神話之比喻說明人的自由。

何為西西弗斯神話？

根據西西弗斯神話，人類西西弗斯用詭計欺騙死神，使之無須死亡。諸神為懲罰西西弗斯，判處西西弗斯永遠將大石推上山頂。每當他把石頭快要推到山頂時，石頭就會自動滑落，迫使他得重新推石上山。

卡繆以此故事說明存在是荒謬（absurdity）的：正如西西弗斯反覆推石上山是無意義的行為，每日週而復始、營營役役的生活也是無意義的重

覆。你每天起床、刷牙洗臉（我希望你有）、吃早餐、工作／上課／做家務／沒事做、吃午餐、工作／上課／做家務／沒事做、吃晚餐、娛樂、睡覺，不也是無意義的重覆嗎？但我們依然選擇過這種無意義而重覆的生活，因為我們可以從中創造自己的意義。西西弗斯無意義地重覆推石，亦可在過程中為此行為賦予意義。而西西弗斯亦選擇了接受這一懲罰。因此，卡繆提出一驚人結論：「我們必須想像西西弗斯活得快樂。」

但是……每日營營役役的人真的活得快樂嗎？西西弗斯真是快樂嗎？

沙特和卡繆這種對「自由」理解存在以下的問題：首先，沙特和卡繆所說的自由，只是思想上的選擇自由，不具備實踐選擇的自由。囚犯所謂的自由只是他能夠想像和選擇「逃獄」與否。但假設他被關押在一座與世隔絕的高設防監獄裡，他根本不可能實現逃獄，「逃獄」永遠只是空想。這種永遠無法實現的自由還算是自由嗎？

其次，所謂「選擇的自由」並非真正的自由，因為選擇必受制於條件。如果囚犯不在監獄裡，沒有監獄的條件，他根本不可能面對「是否逃獄」的選擇。再說，選擇甚至可以透過限制選項而被輕易操控。例如，如果大學校園裡只有飯堂、中式酒樓和麥當勞三間食肆，而其他食肆在遙遠他方，午休時間根本不夠時間讓你出外用膳，外面的便當又不能送進校園，你午膳的選項就只剩下帶便當回校、飯堂、中式酒樓和麥當勞了。然後，假設飯堂、中式酒樓和麥當勞都很難吃，於是你就很容易傾向選擇自己在家裡做飯再帶便當回校。但如果校園開了一間美味而且價錢合理的西式餐廳，選項多了，你就容易傾向改變選擇到西式餐廳吃午飯而不帶便當了。應留意的是，在這情況下，你根本無法增加或減少選項，你只能被動地就校園裡有多少個用餐的選項被動作出回應。你不可能在沒有肯德基的校園裡提出「我要在校園裡吃肯德基」的選項並實現之。這就說明選擇的自由很容易透過修改選項而被操控。

再者，卡繆假定了西西弗斯認知到自己有其他選項（不推石），並且

還假定他接受這選項後就擁有「快樂」。首先，人並不一定知道自己所有的可能選項，因而作出不情願的決定。假設一人在沙漠走了幾十公里，十分口渴，眼前只有一桶尿和一桶汙水，卻不知原來再走多一公里就有清泉，因而選擇了飲尿解渴；既然這是不情願的選擇，我們又豈能武斷對方一定「快樂」呢？

　　正如往後討論齊克果的章節所示，真正自由必須連選項也是自我提出，而且自我有實現選擇的能力，否則也只是自欺欺人的空話。

存在主義之齊克果：絕望

討論

你有無試過在實現理想或自我目標時遇上困難？你如何克服這些困難？

何為自我實現？

要回答此問題，我們首先要理解何為「實現」。

種子長成樹木就是一種實現過程。亞里士多德認為，種子擁有「成為樹木」的潛能（$\delta\acute{\upsilon}\nu\alpha\mu\iota\varsigma$），當條件滿足，種子就會變成樹木，一個「實在」狀態（$\varepsilon\nu\acute{\varepsilon}\rho\varepsilon\iota\alpha$）。這就是說：

圖表 7 亞里士多德的實現觀

但黑格爾不同意。他認為，當種子生長成為樹木之後，種子已不存在，因此種子的潛能亦已被否定，只有樹木的實在被肯定。所以，他認為實現是否定可能性以及肯定真實性：

圖表 8 黑格爾的實現觀

而且，黑格爾認為種子發芽的過程受制於科學法則，故必然發生，所以實現＝必然性。

　　問題在於，齊克果認為：人不是樹木，而是有自由意志的人；而自由意志不受任何法則主宰，可以自主作出決定，可以自主想像出各種選項（可能性）。

　　例如 A 愛上 B 並希望與之在一起，此想法係出於其自由意志的想像，是一種可能性：A 可能愛上 B 或可能不愛上 B，A 要作出選擇。但當下的處境 A 亦未與 B 在一起，而此處境受制於外在條件，這才是所謂的必然性。例如如果 A 與 B 終生仍未相遇，則兩人難以相愛；又例如如果 A 是男同性戀而 B 是女同性戀，二人就無法在一起了。這些因緣際遇之事都不受 A 控制。若然他想實現發達，就要將理想與現實結合；言則實現自我等於可能性與必然性的結合。

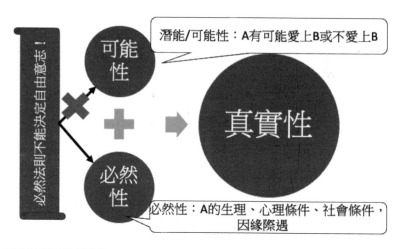

潛能/可能性：A有可能愛上B或不愛上B

必然法則不能決定自由意志！

可能性

＋

必然性

真實性

必然性：A的生理、心理條件、社會條件，因緣際遇

圖表 9 齊克果的真實性

人為何會絕望？

　　如上所述，一人如欲成為自我，必須結合可能性與必然性。但事實上，人實現自我時，卻只能反其道而行，只肯定其中一方，使實現自我變得不可能。

　　假設一人的理想是想「發達」。這就是說：當下的自我是個「未發達

的自我」（如果已發達他就不會想發達吧），而幻想中的自我是個「已發達的自我」。爲了實現自我，他就肯定幻想的自我，否定當下的自我；用齊克果的說法，就是既想成爲自我，又不想成爲自我。

問題在於：當下的自我與幻想的自我是同一個自我，人不能同時肯定和否定同一個自我，否則這是自相矛盾。即使那人最終眞的發達了，他也無法消滅過去曾經未發達的他；若沒有了「未發達」的黑歷史，他也不可能有爲發達而奮鬥的經歷。這就是絕望了：絕望就是實現自我並不可能。

具體而言，絕望又可以分成四種：

1. 想成爲自我的絕望：只知理想而無視現實限制
   A. 無限性絕望：只看見自己的無限性，而忽略有限性
   B. 可能性絕望：只看見自見的可能性，而忽略必然性
2. 不想成爲自我的絕望：只知現實限制而毫無理想
   A. 有限性絕望：只看見自己的有限性，而看不見自己的無限性
   B. 必然性絕望：只看見自己的必然性，而看不見自己的可能性

當人蔽於有限性或必然性，就會「認命」，放棄理想；反之，當人蔽於無限性或可能性，就會沉迷空想，不切實際。但兩者的結果都是無法實現自我。

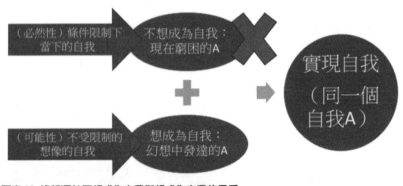

圖表 10　絕望源於不想成爲自我與想成爲自我的矛盾

如何擺脫絕望？

齊克果認為脫離絕望、實現自我的唯一方法，就是「信心之躍」。

人之所以無法實現自我，是由於人實現自我的方法有根本問題：人是從個體自我出發，以想成為自我與不想成自我兩種互相矛盾的意志同時追求實現自我，結果無法統合可能性與必然性。人如果無法「跳出」這個個體自我的框架，自我實現必為矛盾。所以，齊克果主張我們要依靠上帝才能實現自我。如耶穌說：「在上帝凡事都能。」（馬太福音 19:26）由於上帝是創造者，是可能性與必然性之同一來源，故只有上帝才能統合兩者；人唯有建立神人關係，在上帝裡面才能實現自我，實現真正的自由，不受制於外在條件限制。

因此，齊克果的哲學最終回到基督信仰之中，其對存在問題之解決方法，是純然的基督宗教的進路。齊克果哲學宗教性之強烈，正是他在眾多存在主義哲學家當中不受大眾歡迎的原因之一。當然，我們不必接受或否定基督信仰使人擺脫絕望的主張，但我們應留意，齊克果哲學是一套基督宗教哲學，因此接受齊克果對絕望的解決方法就必須同時接受基督信仰，不能「打完齋不要和尚」。

延伸閱讀

卡繆著、嚴慧瑩譯，《卡繆荒謬與反抗系列作品全集套書：荒謬系列四部曲《異鄉人》《薛西弗斯的神話》《卡里古拉》《誤會》＋反抗系列三部曲《瘟疫》《反抗者》《正義者》》臺北：大塊文化，2022。

沙特著、周煦良及湯永寬譯，《存在主義即人文主義》，臺北：五南出版，2022。

沙特著、陳宣良及杜小真譯，《存在與虛無》，臺北：左岸文化，2012。

海德格著、陳嘉映、王慶節譯，《存在與時間》，香港：商務印書館，

2018。

　　齊克果著、林宏濤譯，《致死之病》，臺北：商周出版，2017。

卷二：倫理學初階

第四章　難為正邪定分界？

道德與倫理

討論

1. 你認為以下哪些行為應受法律規管，那些不應由法律規管？為什麼？

　　A. 約會拍拖

　　B. 註冊結婚

　　C. 誹謗

　　D. 講人是非

　　E. 講髒話咒罵人

　　F. 在法庭上作假證供

　　G. 說謊

　　H. 在家裡玩電子遊戲

　　I. 在公眾地方隨處便溺

2. 道德應該由法律規管嗎？為什麼？

　　好亂啊！為何有些道德好像要一定用法律規管，有些卻不能？

　　要回答此問題，黑格爾認為，我們要區分道德（morality，）和倫理（ethics）。道德是個人內在而主觀的意志，由主觀的道德律則（德語：Moralität）主導；倫理卻是社會外在而客觀的規範，由客觀的倫理律則（德語：Sittlichkeit）主導（詳見《法哲學》§33）。

　　舉個例子：A 恨 B 恨得要死。從基督宗教的立場來看，仇恨是不道德的，是一種罪，但 A「恨」B 卻不能構成犯法，因為「恨」只是一種個人內在而主觀的意志，這種意念沒有成為具體的行為。然而，當 A 真的恨 B 恨得拿刀追砍 B 時，A 就犯法了；因為此時，A 已經在社會領域裡實現其意志，A 追殺 B 是外在而客觀的事實。所以，道德與倫理的公私之別，關鍵在於「領域」：到底人是在不涉及他人的個人領域還是涉及他

人的社會領域進行某活動。只有屬於倫理的公共領域才應受法律規管。

　　法律不能規管個人內在道德，除了是因為領域不同以外，也是因為這樣會令人失去道德自律的能力。道德自律（moral autonomy）是指自主決定服從道德規範的能力，而道德他律（moral heteronomy）則是指單純服從他人或外在道德要求的能力。例如一個小孩因為恐懼被媽媽責罰而不敢隨地便溺，就是道德他律；他根本不是自願服從規矩，只是他恐懼被媽媽責罰。他並無真正的道德意識，跟貓狗怕主人責罰而不敢隨地便溺一樣。但當他長大後，知道隨地便溺很沒面子、很羞恥，即使無旁人目光，自己也無法接受這種行為時，他就懂得思考，並且自主服從此道德律則，這情況下他才算是道德自律。

　　問題在於，如果有一政府，禁止或不鼓勵人民從小到大去自主思考自己的道德抉擇，事事都要他們根據「相關法律和規定」去定義善惡，例如講髒話就要罰款，看人跌倒而不扶起人就要判坐監，那麼久而久之這國家的人民就懶於進行自主的道德判斷，所有行為都是為了賞罰，道德行為便成了得賞免罰的手段了，這個國家的道德水準也會非常低下。

　　但撇除政治意識形態這些東西以外，有時道德與倫理的界線非常模糊。例如一個人自己看 BL 漫畫，不管此事道不道德，漫畫 H 不 H，這也是他個人之事；但 BL 漫畫的製作與發售等卻涉及他人，就屬於社會領域了。製作過程中有無剝削員工，顧客是否合法購買正版，故然屬於法律規管範疇；可是，劇情題材和內容那些部分又應否受法律規管呢？那些規管會侵犯言論與創作自由呢？

法律一定合符道德倫理嗎？

　　對於黑格爾來說，法律是社會倫理規範，所以法律必合符道德倫理。黑格爾認為，一個成人要投身社會，就必須服從社會規範（social norms），融入社會，此過程稱之為倫理生活（德語：Sittlichkeit），分成

三個階段：

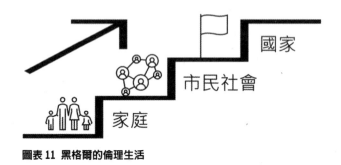

圖表 11 黑格爾的倫理生活

　　個人首先要融入家庭，然後融入市民社會，最後融入國家。而融入的方式就是服從社會規範。這樣一來，黑格爾就是將倫理等同於壓抑個人的自主，「犧牲小我完成大我」；這種忽視個人自主性的集體主義思想，在今日的眼光看來實在難以接受。

　　再者，事實上社會規範和法律都是因時制宜，並非永恆不變的金科玉律；昔日看似合乎道德倫理的法規，今日可能已經不合時宜。例如古代中國漢人社會實行一夫一妻多妾制，男人可以三妻四妾；但在古印度梵文史詩《摩訶婆羅多》裡，一旁遮國木柱王的女兒黑公主卻實行一妻多夫，同時嫁給五個王族。而今日世上大部分國家卻實行一夫一妻制，部分國家亦開始容許同性婚姻；這就說明，婚姻制度隨著時代和社會而演變。

　　此外，事實上亦有很多法律的制定並非爲了維持道德倫理，而是爲了維護某些人的利益，或是爲了侵犯某些人的利益，因此才會有立法爭議。

　　因此，理想的法律當然要符合倫理規範，好讓每一個個人能在社會領域裡的權利得到充分保障；但事實上什麼才是「符合倫理規範」，卻往往牽涉大量爭議。所以我們才需要學習倫理學。

倫理學有何分科？

倫理學是研究何爲道德與倫理的哲學分科，主要有三大分支：後設倫

理學、規範倫理學、應用倫理學。

應用倫理學就是把哲學倫理學中的理論應用於日常生活，例如在商業、政治、法律人權、生物、環境、醫學等範疇，解決道德問題。

規範倫理學則是研究何為道德與倫理規則，即研究到底何為善惡。在西方哲學裡，大概有兩種立場，每個立場之下又有不同學派主張：

目的論（Teleology）：行為是否道德視乎後果而定。

● 功利主義（Utilitarianism）：能夠令最多人獲得最大幸福的行為即為善。

● 國家後果主義（State Consequentialism）：能夠製造社會福祉即為善。中國哲學的墨家或屬於此。

● 利己主義（egoism）：對自己有利就是善。

義務論（Deontology）：行為是否道德視乎動機是否滿足義務而定。

● 上帝命令說：上帝的誡命就是善。天主教神學家如亞奎那，或新教神學家如加爾文，皆持此觀點。

● 康德主義：康德認為道德價值是基於「人之所以為人」的基本義務。新儒家認為孔孟儒學與康德主義相通。

● 契約主義：道德價值建基於履行社會契約的義務。

然而，古希臘哲學家如亞里士多德反對規範倫理學，認為倫理學應關心個人內在的德性，而非行為或規範本身，故有德性倫理學（virtue ethics），並在當代分析哲學再次流行。

後設倫理學是研究道德倫理價值背後基礎的後科，主要探討三個問題：

一、道德語言的意思是什麼？（語義學問題）

二、何為道德判斷？（本體論問題）

三、如何證立道德判斷？（知識論問題）

雖然後設倫理學在喬治・愛德華・摩爾（George Edward Moore）1903 年的《倫理學原理》才正式被視作獨立的分科，但古代已有就道德標準及能力來源的問題提出說法，如程朱理學的性即理、陸王心學的心即理，基督宗教的聖靈論，康德的超驗意識等等。

思考

根據上述討論，試討論以下法律規管在什麼情況下合理，什麼情況下不合理（侵犯了個人道德領域）？

1. 墮胎刑事化

2. 婚前性行為刑事化

3. 褻瀆神明刑事化

4. 紅燈區合法化

5. 同性民事結合合法化

6. 立法規管香菸銷售

孟子：四善端和盡心

討論

1. 假設有一輛無法停下來的電車，直衝向五位被綁在路軌上，無法被移走的陌生人；你唯一能做的就是拉動操控桿改變路軌方向，但這樣就會撞死被綁在另一邊路軌上的父母。你會否拉動操控桿？爲什麼？

2. 假設有一輛無法停下來的電車，直衝你被綁在路軌上、無法被移走的父母；你唯一能做的就是拉動操控桿改變路軌方向，但這樣就會撞死被綁在另一邊路軌上的五名陌生人。你會否拉動操控桿？爲什麼？

3. 你覺得你的決定合乎道德嗎？爲什麼？

愛父母勝過愛陌生人，是人之常情。但這種「人之常情」是否合乎道德呢？若然我們站在基督宗教那麼高的道德標準，要求人「愛你仇敵」、「愛人如己」，主張普世愛，我們自然很難肯定這種人之常情是道德的；但孟子（372-289）的看法則不然，堅持這種「人之常情」就是道德實踐。孟子的「四善端」雖然不否定道德本來應是對人無差別，但在五倫的實踐時，因爲人的能力有限，親疏有別是必然的。

何爲四善端？

四端是指惻隱之心、羞惡之心、辭讓之心和是非之心。孟子曰：

> 「所以謂人皆有不忍人之心者，今人乍見孺子將入於井，皆有怵惕惻隱之心。非所以內交於孺子之父母也，非所以要譽於鄉黨朋友也，非惡其聲而然也。由是觀之，無惻隱之心，非人也；無羞惡之心，非人也；無辭讓之心，非人也；無是非之心，非人也。惻隱之心，仁之端也；羞惡之心，義之端也；辭讓之心，禮之端也；是非之心，智之

端也。」（《孟子·公孫丑上》）

　　上文孟子強調了道德動機本來的普遍性及無條件性。只要人看見任何一個小孩快要掉進井裡，即會感到不安，這就是道德情感，而此道德情感就是道德的開端。所謂普遍性，是指無論對方是何許人，道德主體仍會感到不安。所謂無條件性，就是指道德主體感到不安不是因為道德以外的條件或理由（利益計算），如想結交小孩的父母、想在家鄉及朋友中取得好聲譽（覺得自己好威威）或是討厭小孩的哭號聲。

　　四種道德情感被孟子分別視之為四種道德價值的開端：

1. 惻隱之心→仁
2. 羞惡之心→義
3. 辭讓之心→禮
4. 是非之心→智

　　既然惻隱本來是普遍的，為何道德實踐卻是親疏有別？

　　因為孟子認為道德實踐必須透過具體的人倫關係實踐，然而一旦進入實際的人倫關係，人就會受制於自身及社會的限制，因而對不同的人需要實踐不同的德性。孟子將這些關係分成五種，稱為五倫：

　　「父子有親，君臣有義，夫婦有別，長幼有序，朋友有信。」（《孟子·滕文公上》）

　　父母與子女之間有親情，君臣之間有義，夫婦之間有分工，長幼之間有次序，朋友之間有信用。因應不同的關係，實踐的德性也不一樣，可是以上五種德性，其實也是踐仁。仁既然是一種是道德感情，親、義、別、

序、信亦只是對不同對象，以不同的方式（禮）表達相同的關愛之情。如果禮調轉了，就很奇怪，也很尷尬。（試想像如果你和你的朋友行拜見君主之禮，朋友一定問「你吃錯藥嗎？」或「你發什麼瘋啊？」之類）因此五倫也帶出禮的重要性。

圖表 12 親、義、別、序、信是同一個「仁」在不同人際關係所實現的德性

至於為何道德實際親疏有別，正是由於人的能力有限，無法人人皆愛之，故只好順從自然本性，愛父母多於愛陌生人，如王陽明解釋道：

> 禽獸與草木同是愛的，把草木去養禽獸，又忍得。人與禽獸同是愛的，宰禽獸以養親，與供祭祀，燕賓客，心又忍得。至親與路人同是愛的，如簞食豆羹，得則生，不得則死，不能兩全，寧救至親，不救路人，心又忍得。這是道理合該如此。及至吾身與至親，更不得分別彼此厚薄。蓋以仁民愛物，皆從此出：此處可忍，更無所不忍矣。（《知行錄之三・傳習錄下》65）

所以，當墨家主張兼愛（平等愛每一個人），即被儒家斥責違反人性。甚至我們可以想像，基督宗教所尊敬的聖人，如德蘭修女，也可能會被儒家斥為不孝、不道德。為何德蘭修女不留在家中照顧父母，卻要違反親疏

有別的人性，跑到老遠的印度加爾各答去服侍窮人呢？所以儒家不會出現基督宗教或者佛教那些爲了傳教而離鄉背井、留下父母、關愛遠方陌生的傳教士，因爲其他宗教所歌頌的大愛的聖人，在儒家眼裡都是違反自然人性的。

應留意的是，孟子此解釋有兩項缺陷：

1. 自然主義謬誤：人性自然有此親疏有別之限制，無法遍愛所有人，必親疏有別，不代表道理上親疏有別是「應當的」。例如我因畏高而不能爬山無法推論出「我不爬山是理所當然的」。我在英國教大學時，我曾經把本章節的討論問題問英國的學生，他們大部分都不願殺父母，但甚少人認同自己這種選擇是「道德」的，反而有人會自責這是自私的選擇。孟子因爲「人性是這樣」所以就說「這樣是道德的」，在推論上有問題。

2. 否定超越性：站在基督宗教的立場來說，「人性限制」是一個多餘的問題。因爲孟子及其後學完全不思考任何超越人性限制的可能性，認定實踐道德只能順著充滿「親疏有別」限制的自然人性出發，所以才得出王陽明如此悲觀的「心有忍得」之說。但如果採用基督宗教立場，接受在人性以外還有一超越的上帝，可以幫助人超越人性限制去實踐普世愛，即無此問題。

實踐道德是不是等於服從社會規範？

不是。正如孔子一樣，孟子亦主張道德主體性，提出「仁義內在」，認爲道德判斷並非取決於社會規範，而是取決於自己的道德自覺意識（即良心）。

問題來了：良心會否太主觀？會否每個人的良心都不一樣？孟子認爲不會，因爲孟子認爲每一個人的道德自覺心是同源，都是來自於「天」：

盡其心者，知其性也。知其性，則知天矣。存其心，養其性，所以事天也。殀壽不貳，修身以俟之，所以立命也。（《孟子・盡心上》）

何為盡心？牟宗三如此解釋：

「盡心」之盡是充分體現之意，所盡之心即是仁義禮智之本心。孟子主性善是由仁義禮智之心以說性；此性即是人之價值上異於犬馬之真性，亦即道德的創造性之性也。你若能充分體現你的仁義禮智之本心，你就知道了你的道德的創造性的之真性。（《圓善論》頁132）

當一人充分體現內在的道德意識，就是「盡心」。既然一人已充分體現道德意識，此人便知道人性本來擁有的道德能力，也就是「知性」。但為何知道人性會同時「知天」呢？牟宗三如此解釋「天」：

「天」是超越意義的天，是個實位字，即天道之天，天命不已之天，……說「此天之所與我者」亦是如此，即固有義。（《圓善論》頁133）

此處的「天」是一超越現世的實體，卻不是指基督宗教那種有人格的上帝，而是指人性的「本源」。人之所以為人，是因為人共享某種「人的本質」；而儒家相信，這本質就是性善，為了強調這種性善是超越現世限制，儒家便發展出「天」的信仰，認為是「天」這個共同的超越本源使人類擁有超越現世限制以實踐道德的能力。

那麼「存心」為何可以「養性」和「事天」呢？這裡「存」是解作保存，使自己保存而不失落或忘記自己的道德意識，以保養人性的道德能力，使人不會失去這種能力。但最難解之處，就是「事天」。為何保存道德意識

和能力，就可以事奉天呢？如果我們把「天」理解爲有人格的上帝，說我們遵守道德律則就等同事奉了上帝，使祂喜悅，這就很易理解。但牟宗三反對此解釋，因爲他認爲「天」不是人格神，只是本源。他說：

> 「事」字，字面上的意義，即如「事父母」之事。在此，雖用類比的方式借用此事字，但卻並不因此即停在這類比上把天人格化，完全被動地聽祂的吩咐，亦不是因著此類比而即如事父母那樣而事天，因爲事天與事父母所依據的原則是完全不同的。在事天上，「事」字之意義須完全轉化爲自道德實踐上體證天之所以爲天，而即如其中體證，而自絕對價值上尊奉之。（《圓善論》頁136）

牟宗三將「事天」的「事」僅僅當成是比喻，並不認爲人眞的需要如同事奉父母一樣事奉天，因爲天是無人格，只是道德本源。所以事天只是「敬天」：視天爲最高的價值並尊敬之。

但這詮釋你接受嗎？雖然牟宗三是新儒家的哲學家，亦是我在香港中文大學的老師們的老師，可是哲學就是要不斷批判觀點，才能發掘眞理。我們可以思考：如果事天只是解作「自絕對價值上尊奉之」，爲何孟子卻寫「事天」而不寫「敬天」呢？

事實上，並非所有儒者皆視「天」僅僅爲道德價值本源。例如，《尚書》中的「上帝」會降罰降福，並偶與「天」相通，因此上帝似乎是一人格神，此上帝觀直接影響朝鮮實學哲學家丁若鏞（1762-1836）。但在戰國時代，卻又另一位儒者持相反的觀點：對他來說，天只是自然的天，根本沒什麼「超越」意義。這人就是荀子。

荀子：禮義

討論

你認為人為何會犯錯？

與孟子的人性本善說相反，作為儒家異流的荀子卻認為人性本惡（性惡說）。荀子如此說：

> 人之性惡，其善者偽也。今人之性，生而有好利焉，順是，故爭奪生而辭讓亡焉；生而有疾惡焉，順是，故殘賊生而忠信亡焉；生而有耳目之欲，有好聲色焉，順是，故淫亂生而禮義文理亡焉。然則從人之性，順人之情，必出於爭奪，合於犯分亂理，而歸於暴。故必將有師法之化，禮義之道，然後出於辭讓，合於文理，而歸於治。用此觀之，人之性惡明矣，其善者偽也。（《荀子·性惡》）

荀子在上文所採用的論證方式，實為歸納論證：

1. 前提1：生而有好利焉→順是→爭奪生→辭讓亡
2. 前提2：生而有疾惡焉→順是→殘賊生→忠信亡
3. 前提3：生而有耳目之欲，有好聲色焉→順是→淫亂生→禮義文理亡
4. 結論：然則從人之性，順人之情，必出於爭奪，合於犯分亂理，而歸於暴。

荀子從三個範疇論證：「好利」的本性使人不會辭讓，「疾惡」的本性使人失去忠，以及「好聲色」的本性使人失去禮義文理。由於從多方面

顯示順從人性會帶來違反禮的行為，所以荀子認為人性本惡。

這種論證當然有問題：我們可以質疑荀子未有窮盡所有「順從人性」的範疇，只是隨便選了三個方面就說順從人性導致惡。若我們站在孟子的立場，即可以舉例說「今人乍見孺子將入於井，皆有怵惕惻隱之心」即是順從人性而導致善的反例。要理解荀子會如何回應此挑戰，我們得先了解荀子對「善」和「惡」的定義。

生於戰國時代末年的荀子（西元前 316-237/235）跟孔子和孟子一樣，關心「治亂」的問題。但荀子的時代比孟子更亂：戰國末年，東周被滅，周天子被殺，諸侯互相攻伐，禮樂已蕩然無存。荀子對人生問題的診斷即為人天性自私自利，故生亂，而治療方法就是以先王聖人的「禮義」「化性偽善」。

何為禮義？

荀子以「禮義」定義善，認為「聖人積思慮，習偽故，以生禮義而起法度，然則禮義法度者，是生於聖人之偽，非故生於人之性也。」（《荀子・性惡》）簡而言之，荀子主張：聖人積思慮習偽故→禮義→法度。「積思慮、習偽故」並不是「人性」本來有的道德能力，而是聖人理性反省的過程。禮義和法度是純然理性思考後，為了「治亂」而設計出來的工具。所以，對於荀子來說，「道德情感」根本一點也不善，一點也不道德，因為善的標準是在於治亂，而治亂只能依靠聖人透過理性反省而設計出來的禮義法度，而不能靠任何人的情感。荀子說：

> 人生而有欲，欲而不得，則不能無求。求而無度量分界，則不能不爭；爭則亂，亂則窮。先王惡其亂也，故制禮義以分之，以養人之欲，給人之求。使欲必不窮乎物，物必不屈於欲。兩者相持而長，是禮之所起也。（《荀子・禮論》）

此處我們可以發現，「禮義」只是「養人之欲」、「給人之求」的維持社會穩定的工具。荀子所謂的「善」是純然社會性和政治性的，是指大家的欲望都得到滿足，社會穩定的理想狀態。自然地，荀子就不會發展出孟子那些強調個人道德主體性的「仁義內在」、「盡心」等理論。

為何禮義能夠成為「維穩」工具？

因為禮義有「明分使群」的作用。荀子認為，周朝禮樂制度所規定的階級分工有其必然性：

> 無君以制臣，無上以制下，天下害生縱欲。欲惡同物，欲多而物寡，寡則必爭矣。故百技所成，所以養一人也。而能不能兼技，人不能兼官。離居不相待則窮，群居而無分則爭；窮者患也，爭者禍也，救患除禍，則莫若明分使群矣。（《荀子・富國》）

由於一人無法兼顧所有事物，所以人必須群居，互相分工合作。但這只能證明「分工」的合理性，卻無法證明「分階級」的合理性：為何大家不能平等的分工，而要分尊卑呢？荀子如此解釋：

> 君子既得其養，又好其別。曷謂別？曰：貴賤有等，長幼有差，貧富輕重皆有稱者也。（《荀子・禮論》）

如果無上下之分，「無上以制下，天下害生縱欲」，因為無在上的權威給壓力予在下者守禮義，人就會自私自利而不遵守分工。所以「禮」除了「養」眾人之欲，還要「別」眾人之等，以威權主義的方式使眾人維持社會秩序。

威權從何而來？

荀子不信人格神，所以禮的權威自然不是來自於上帝，而是來自於天地、先祖與君師：

> 禮有三本：天地者，生之本也；先祖者，類之本也；君師者，治之本也。無天地，惡生？無先祖，惡出？無君師，惡治？三者偏亡，焉無安人。故禮、上事天，下事地，尊先祖，而隆君師。是禮之三本也。（《荀子・禮論》）

此處的「天地」只有自然之意義，並不是指什麼超越的道德本源，亦非指上帝。其中，君師制定或教導人民禮義，維持「治」，所以當受尊重。

由於荀子十分強調統治者權威，因此可能會被批評爲威權主義者。

荀子是否主張以理性壓抑情感？

非也。荀子只是主張以理性控制及調節情感的表達：在適當的場合以適當的方式表達情感。他以喪禮爲例：

> 三年之喪，何也？曰：稱情而立文，因以飾群，別親疏貴賤之節，而不可益損也。故曰：無適不易之術也。（《荀子・禮論》）

三年的守喪是爲了根據情感而設立儀文，以潤飾群眾、分別親疏貴賤。如果失去此守喪儀文，就無法適當表現人悲慟之情。但禮又如何調節情感表達呢？荀子曰：

> 禮者，以財物爲用，以貴賤爲文，以多少爲異，以隆殺爲要。文理繁，情用省，是禮之隆也。文理省，情用繁，是禮之殺也。文理情用

相為內外表墨,並行而離,是禮之中流也。故君子上致其隆,下盡其

殺,而中處其中。(《荀子‧禮論》)

如果儀式繁多,而情感不足,禮就可以加強情感(禮之隆);但如果
儀式簡略,而情感過量,禮就可以壓抑情感(禮之殺)。這就能確保情感
在適當的場合有適當的表達。

何為不當的情感表達呢?在喪禮笑、在婚禮哭,就是不當的表達。但
如果你跟死者不熟,在參加喪禮時的哀傷不足,但當聽見喪禮的哀樂,即
淚如雨下,此即為禮之隆。反之,有人因死者離世而哀傷過度,而為免他
過度哀傷與情緒失控,所以需要適當的控制哀傷,此即為禮之殺。不過,
人們仍可批評荀子,說以禮調節情感令情感表達人工化,有礙人表達真誠
的情感。

與荀子相反,接下來我們講的墨子則完全否定禮義的權威,主張直接
實現兼愛的道德標準。

墨子：兼愛

面對戰亂的時代，孔子、孟子和荀子提出恢復禮樂制度以維持天下穩定。但正如之前所述，恢復禮樂制度沒有必然性：即使禮樂能夠表達道德價值，禮樂不是實現道德價值的唯一方式。因此，墨子（西元前 468-376）反對使用周朝的禮樂制度去實踐「仁」，而認為應直接回到夏朝以前，效法堯舜禹，直接以「兼愛」實踐道德，使天下回復太平。

何為兼愛？

墨子主張兼愛非攻，即是平等地愛每一個人，以及否定侵略戰爭行為。墨子認為，交相惡→亂，所以提出兼相愛→交相利→治的主張：

> 然則兼相愛交相利之法將奈何哉？子墨子言：「視人之國若視其國，視人之家若視其家，視人之身若視其身。是故諸侯相愛則不野戰，家主相愛則不相篡，人與人相愛則不相賊，君臣相愛則惠忠，父子相愛則慈孝，兄弟相愛則和調。天下之人皆相愛，強不執弱，眾不劫寡，富不侮貧，貴不敖賤，詐不欺愚。凡天下禍篡怨恨可使毋起者，以相愛生也，是以仁者譽之。（《墨子·兼愛中》）

這裡墨子有一假設：因為人本身愛自己，所以只要視人若己，人即可愛人如己。如果我國視外國如我國，則無戰爭。如果我視他人如我，則無相爭。因此，我們可以推論，墨子隱含一人性論前設，即：人本身是自愛的，只要將此自愛推廣至愛人如己，即可興天下之利、除天下之害。在這意義下，墨子肯定人的欲望，並以此作為愛人能擴大的根據。

然而，為何人卻無法愛人如己，而互相攻伐呢？墨子如此解釋：

　　然則察此害亦何用生哉？以不相愛生邪？子墨子言：「以不相愛生。今諸侯獨知愛其國，不愛人之國，是以不憚舉其國以攻人之國。今家主獨知愛其家，而不愛人之家，是以不憚舉其家以篡人之家。今人獨知愛其身，不愛人之身，是以不憚舉其身以賊人之身。是故諸侯不相愛則必野戰。家主不相愛則必相篡，人與人不相愛則必相賊，君臣不相愛則不惠忠，父子不相愛則不慈孝，兄弟不相愛則不和調。天下之人皆不相愛，強必執弱，富必侮貧，貴必敖賤，詐必欺愚。凡天下禍篡怨恨，其所以起者，以不相愛生也，是以仁者非之。」（《墨子‧兼愛中》）

　　墨子將人不相愛歸咎於於無知。因為諸侯「獨知愛其國」，因而不愛外國而發動戰爭。家主「獨知愛其家」，因而不愛別家而掠奪別家。因為人「獨知愛其身」，因而不愛別人而殘害別人。用近代西方哲學的術語來說，墨子批評這些人蔽於片面（one-sided），對天下欠缺整全（wholistic）的理解。如果人能夠跳出個別的狹窄思維，看見整全的大局，就可以發現自己只自愛而不愛別人，在長遠而整體只會令自己受害。

　　可是，當論及如何實現兼愛時，墨子卻陷入理論內部的張力：他本來肯定人自愛的欲望，並希望將此欲望推廣成愛人如己，但在實踐自愛時，竟然要求人節制自己的欲望，甚至否定享樂：

　　昔者晉文公好士之惡衣，故文公之臣皆牂羊之裘，韋以帶劍，練帛之冠，入以見於君，出以踐於朝。是其故何也？君說之，故臣為之也。（《墨子‧兼愛中》）

　　古者明王聖人，所以王天下，正諸侯者，彼其愛民謹忠，利民謹厚，忠信相連，又示之以利，是以終身不饜，歿世而不卷。古者明王聖人，其所以王天下正諸侯者，此也。（《墨子‧節用中》）

因此，我們可以馬上針對墨子兼愛一說提出以下質疑：

一、墨子既肯定又否定人的私欲，是否矛盾？

二、人不相愛真的只是因為「無知」嗎？

三、人兼愛的力量來源是否來自自愛的欲望本身？

第一，墨子一方面以「自愛」去說服人愛人如己，相當於儒家的「己欲立而立人，己欲達而達人」。既然你欲豐衣足食，所以你也應該希望他人豐衣足食，而當你這樣行，最終大家也可以實現豐衣足食。可是，墨子同時指出，明王聖人克制自己的欲望，粗茶淡飯，以將更多資源分配給百姓。問題來了：如果每一個人都希望錦衣玉食，為何墨子不以因「兼愛」眾人而使自己及他人皆能錦衣玉食，而是要大家一同節衣縮食呢？

當然，我們可以將節用說成只是權宜之計：明王聖人格外有德，他們寧可犧牲自己對錦衣玉食的欲望，也希望令百姓可以滿足他們錦衣玉食的願望。但這引伸另一個問題：一個不懂得或不願意享受的人，是否真的知道百姓所想享受的是什麼呢？假設明王聖人並非不知道錦衣玉食之樂，只是犧牲自己對明王聖人的欲望，以滿足百姓對明王聖人的需求，那明王聖人又是用什麼能力去克服自己的欲望呢？

第二，人不相愛不一定由於無知。知而不行的人大有人在。道理上，「兼相愛交相利」成立，但情感上，人是自私的，只欲滿足當下一己私欲，因而損害他人。墨子似乎過度高舉理性之能力。

第三，人兼愛的能力是否來自人自愛的欲望呢？墨子認為人只要道理上知道兼愛對大家有利，就會將自愛擴張為愛人如己，但事實上，有人卻自私，只希望自愛而不願愛人如己。這就說明在自愛及理性以外還有其他力量才能使愛人如己得以實現。

這正是基督宗教與墨家分歧之所在。儒家發現人性的限制，即從人性實踐愛，只會親疏有別，因而消極地否定和放棄普世愛。墨家則十分積極，堅持人性的自愛就是實踐兼愛的根據，所以以「明王聖人」的標準要求人愛人如己。然而，基督宗教認為，普世愛的能力乃出自上帝聖靈，而非出自自然人性本身。基督宗教雖然也肯定人性中的善，但同時強調人性中的罪（詳見第五章），因此認為人如欲實現普世愛如此不可能的任務，就只能依靠超越的上帝。這是墨家過分高估人類理性與欲望的能力而未有思考的問題。

墨家相信有上帝嗎？

跟孔孟儒家一樣，墨家十分崇尚古代先王聖人，因此亦相信《尚書》所言之上帝或天；然而，墨家只肯定一個作為道德審判者的上帝（天志），而否定此人控制人類命運。 反之，程朱理學與陸王心學卻避談作為道德審判者的上帝，卻強調天命對人的限制。

墨子指出，兼相愛、交相利，就是順天意，必得賞；反之，別相惡、交相賊，就是反天意，必得罰：

> 昔三代聖王禹湯文武，此順天意而得賞也。昔三代之暴王桀紂幽厲，此反天意而得罰者也。然則禹湯文武其得賞何以也？」子墨子言曰：「其事上尊天，中事鬼神，下愛人，故天意曰：『此之我所愛，兼而愛之；我所利，兼而利之。愛人者此為博焉，利人者此為厚焉。』故使貴為天子，富有天下，業萬世子孫，傳稱其善，方施天下，至今稱之，謂之聖王。……順天意者，兼相愛，交相利，必得賞。反天意者，別相惡，交相賊，必得罰。（《墨子·天志上》）

墨子之所以要提出利害以外的理由說明人應兼愛不應別惡，是為了為

兼愛這一德性賦予宗教意義。因為天本身的意志是良善的，希望人兼愛，不希望人別惡，所以為了得賞避罰，人就要壓抑自己的自私以及克服自己的無知，實行兼愛。利與害的結果再不是單純兼愛與別惡導致的客觀結果，而是帶有主觀的道德價值判斷：兼愛是天視為善的，別惡是天視為惡的。即使現世短暫的時空裡，有些惡人看似得勢，沒有報應，但最終仍有上帝審判之；反之，義人即使不得善終，沒好下場，仍得上帝獎賞。儒家正欠缺此善惡賞罰的審判，以解決「忠忠直直，終須乞食；奸奸狡狡，朝煎晚炒」或「善有惡報，惡有善報」的扭曲現象。可惜的是，墨子沒有把天志進一步擴展成兼愛能力的來源，因此雖有一客觀的終極審判者保證公義，卻沒有一超越的能力保證人得以實現兼愛非攻。

同時，為了否定人性及命運會限制人實現兼愛，墨子提出非命一說。墨子提出非命，是為了否定宿命論；因為如果命運決定一切，「命治則治，命亂則亂」，人就無須努力實行兼愛非攻。墨子指出，「有命」只是用來欺騙人的「暴人之道」。如果命就決定了治亂，那何須聖人努力實行兼愛非攻呢？甚至暴君如桀紂可以自稱自己是真命天子而合理化自己的暴政。從當代哲學的角度，我們可以說墨子質疑天命的客觀性：誰有權詮釋天命，以及天命應如何被詮釋，正是一大問題。武王說他有天命，紂王說他才有天命，誰對誰錯？應以什麼標準判斷？如果說「天視我民視」，天命是以民心為標準，那就是說民心決定誰上臺統治，根本不由「天」決定，也沒有什麼「命」可言，因為民心只是視乎天下治還是天下亂如否，最終依然取決於君王的統治方式是仁政還是暴政。所以，墨子否定命運。

墨家哲學雖有其不足之處，然而其前衛思想，即平等的兼愛非攻主張，卻使之在先秦哲學在別樹一格。雖然墨家後繼無人，在秦漢已消失殆盡，直到晚清墨學研究才得到復興，然而墨家思想超越了時代的限制，其對倫理學、邏輯學及宗教哲學的反省深度超越了儒家，其對當代哲學的貢獻仍有待後人發掘。

古希臘德性倫理學

討論

1. 你覺得何為「好人」？

2. 試列出一種你覺得最重要的德性。

好人一定有好報嗎？

俗語曰：「施恩莫望報。」當然，如果一人行善總是為了得到好處，而不是真心想幫助別人，這人實在太市儈了。可是如果好人永遠無好報，行善行衰運的話，那還有人願意行善嗎？這又太違反人性了。人總是希望被讚賞，不希望被責罵。因此，古希臘哲學與儒學或基督宗教對道德的定義相反，認為德性的目的就是要令自己幸福：好人就是要有好下場。這就是所謂的「德福一致」問題。

何為德性？

古希臘哲學家以德性（arete）來定義善。德性倫理學（virtue ethics）以個人的德性去定義道德：實踐德性就是善。根據亞里士多德的定義，德性不是情感，也不是能力，而是一種傾向或「品質」（disposition）：傾向並且實現某目標。

「每種德性都既使得它是其德性的那事物的狀態好，又使得那事物的活動完成得好。」（亞里士多德著、廖申白譯，《尼各馬可倫理學》1106a）

「德性不僅僅是合乎正確的邏各斯的，而且是與後者一起發揮作用的品質。」（亞里士多德著、廖申白譯，《尼各馬可倫理學》1144b）

　　德性有廣義與狹義之分：廣義的德性包括智德和善德，狹義的德性則只包括善德。前者藉理論理性即可獲得，後者則藉實踐理性才能獲得。例如某人「很會數學」是一種智德，但某人「很會待人接物」就是一種善德。

德性有哪幾種？

　　智德和善德旨在帶來幸福（eudaimonia）。柏拉圖認為有四大德性最為重要，稱之為四樞德，分別是智慧、勇氣、節制和正義。柏拉圖把人的靈魂按身體分成頭、胸、腹三部分，認為頭代表理性，胸代表意志，腹代表欲望。理性運用得宜即有智慧，意志運用得宜即有勇氣，欲望運用得宜即有節制；三者互相配合，即生正義。四樞德得到充分實現後，便能為人帶來幸福。例如一名獵人除了要掌握打獵的技能（智慧）外，還需要有勇氣與猛獸搏鬥，並且要節制不能濫捕動物（以免糧食斷絕），與大自然及族人維持正當的關係，沒有耗盡或不當地搶奪資源（正義），這樣他就能過著幸福的生活了。

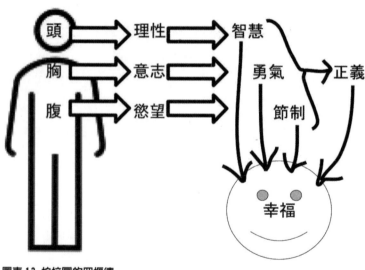

圖表 13 柏拉圖的四樞德

　　可是，這種說法也太簡化、太天真了吧？首先，智慧、勇氣、節制和正義都很空泛，沒有準則衡量。其次，一人有德，也不保證他一定幸福。如果獵人遇上天災，令水草不生、動物死亡，則他再有智慧、勇氣、節制和正義，也一樣無法生存。

　　因此，亞里士多德提出了兩點修正：第一，以中庸之道定義德性；第二，承認幸福同時取決於內在因素及外在因素。

何為中庸之道？

　　亞里士多德認為要在某事上實現德性，就要找出其中庸之道（中道，Golden Mean）：不要過度，也不要不及。例如勇氣本是德性，但勇氣過度就會變成魯莽，過少就會變成怯懦。下表只是其中一些例子，大家也可以想想，還有什麼其他德性，不及或過度都會變成惡：

不及（惡）	適度（善）	過度（惡）
怯懦	勇敢	魯莽
驕傲	謙遜	害羞
放縱	節制	無情
衝動	謹慎	優柔寡斷
自暴自棄	自愛	自大

表格 1　中道的各種例子

　　「德性是一種選擇的品質，存在於相對於我們的適度之中。這都是由邏各斯規定的……德性是兩種惡即過度與不及的中間。」（亞里士多德著、廖申白譯，《尼各馬可倫理學》1106b-1107a）

　　然而，中庸之道只是一般原則，沒有具體的律則跟從。與基督宗教、佛教，以及之後所提及的義務論和功利主義相反，德性倫理學反對人必須跟從某一普遍道德律則。中庸之道乃是因人而異、因時制宜的，沒有單一

的準則和定義。例如「謙遜」，一個平民在拜見貴族時向其鞠躬行禮，就
表現出「謙遜」；但如果一個貴族在接見平民時也待平民以貴族之禮，向
其深鞠躬，就是不切合其身分，「過度有禮」了，變成了自卑。因此，德
性之實現取決於人的實踐理性，即隨機應變、因時制宜的能力，與理論理
性根據普遍律則行事不同。

> 「就事物自身而言的中間，我指的是距兩個端點距離相等的中間，
> 這個中間於所有的人都是同一個一。相對於我們的中間，我指竹是那
> 個既不太多也不太少的適度，它不是一，也不是對所有人都相同的。」
> （亞里士多德著、廖申白譯，《尼各馬可倫理學》1106b）

可是，即使一人智德合一，亦不保證幸福，仍要配合外在環境和際
遇。我們只能說，德性倫理學的目標的確是希望透過實現德性為自身帶來
幸福，可是幸福之實現始終仍受制於外在環境因素。

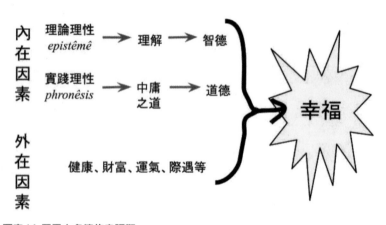

圖表 14 亞里士多德的幸福觀

思考

1. 何為德性倫理學？

2. 何為四樞德？

3. 試以例子說明人如何尋找中庸之道。

4. 試討論以下情況中的主角是否實現了德性？如是，他們實現了哪些德性（可能多於一個）？如否，他們未能實現哪些應實現的德性（不足或過度）？

　　A. 大雄懶散，成績差劣。

　　B. 小早川瀨那太懦弱了，所以經常被人欺負。

　　C. 漩渦鳴人因衝動而落入敵人陷阱。

　　D. 神樂暴飲暴食然後生病了。

　　E. 神奈神威太貪心了，什麼都吃！

　　F. 涼宮春日太驕傲了，總是不聽別人的說話！

　　G. 救命啊，Fate Extra 裡的 Saber Nero Claudius 好自戀啊！

　　H.* 小丸子貪心、粗心大意、任性，缺點很多。

　　I.* 小說《王道平天下》的譚傑靈女皇英勇善戰，可是沒耐性、性急，而且太好色。

　　J.* 媽媽喋喋不休，真是煩死人啦！

5. 參考表格，試舉例以表中的德性如果不及或過度所帶來之惡。

　　例：軍人作戰時，若勇敢過度，就是魯莽，會作無謂犧牲；若勇敢不及，就是懦怯，會兵敗如山倒。

　　_____時，若謙遜過度，就是害羞，_____；若謙遜不及，就是驕傲，_____。

基督宗教的原罪論

討論

1. 如果你是警察，你發現你父母偷竊，你會親手逮捕他們嗎？

2. 如果你是行刑者，你父母因被證實謀殺無辜者而被判處死刑，你會執行命令處死他們嗎？

這次的道德處境跟之前在儒學一課討論的處境不一。在桃應問孟子「瞽瞍殺人」一事中，舜帝只是皇帝，不是執法者或行刑者；假使他的父親瞽瞍殺人了，他也能放棄皇位，與父親退隱。但是這次例子則不然，因為你是直接的執法者。

面對此難題，不少人或會效法舜辭任，以避免身為執法者與身為子女的角色衝突。可是，上帝卻無法選擇以辭職去逃避此矛盾。

基督宗教相信上帝既是創造者，亦是審判者；既有慈愛，也有公義。一方面，上帝創造人類，因此深愛人類；但另一方面，上帝嫉惡如仇，而人類犯罪，因而必須消滅人類。於是上帝就面對一矛盾：上帝應否對自己所愛的人類行刑呢？日本神學家北森嘉藏即以「上帝之痛」描述這種上帝之愛與上帝之怒、上帝之慈愛與上帝之公義之間的矛盾。

> 上帝赦免並且去愛不該被赦免的人，首先是在這層意義上的上帝之痛；為了赦免，上帝將他中愛的獨生子送入苦難之中讓他死去，其次就是在這層意義上的上帝之痛。（北森嘉藏，《上帝之痛的神學》，頁 149。）

基督宗教的終極關懷就是「如何從罪惡中得拯救」；其對生活問題的診斷是：世人都犯了罪→世界充滿罪惡→混亂→最終將受審判。治療即是：

相信耶穌基督，而從罪中得拯救。

但是，何為罪？

罪就是違反神聖法的不道德行為（希臘文作 $\dot{\alpha}\mu\alpha\rho\tau\iota\alpha$, hamartia）。但聖奧古斯丁進一步擴展罪的定義，罪可以是任何「違反永恆法的言語、行為或欲望」（《反福斯圖斯》*Contra Faustum*, XXII, 27）《天主教教理》進一步指出，「罪過是一個違反理性、眞理、正直良心的過錯；罪過是因了對某些事物反常的依戀，而欠缺了對天主和近人的眞愛。罪過傷害人的本性並傷害人的連帶責任。」（《天主教教理》1849）

但何為神聖法或永恆法呢？

此處所言之「法」，泛指所有道德規範：即決定善惡的規矩。神學家亞奎那指出，按時效劃分，法律可以分成永恆不變的永恆法（eternal law）和因時制宜的臨時法（temporal law）。臨時法就是人根據理性所訂立之法律，稱爲人法（human law）。永恆法則是上帝所訂立之法律，可分成上帝直接頒布的神聖法（divine law），如十誡，以及上帝創造時植根於人心內的自然法（natural law）。

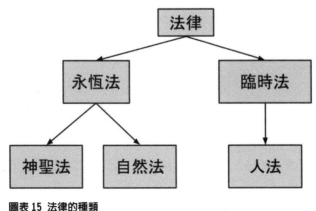

圖表 15 法律的種類

其中，神聖法就是上帝所訂立、並寫在聖經上的道德誡命，其中猶太教與基督宗教以十誡為最高的神聖法。

與德性倫理學相反，基督宗教是以上帝的誡命去定義道德。根據《舊約聖經》，十誡是以色列人先知摩西在西乃山上從上帝領受得到的十條道德和信仰律例。十誡包括：

對上帝的責任	對人的責任
第一條　不可拜別神	第五條　應尊敬父母
第二條　不可製造偶像與拜偶像	第六條　不可殺人
第三條　不可妄稱耶和華的名字	第七條　不可姦淫
第四條　當紀念安息日守為聖日	第八條　不可偷盜
	第九條　不可作假見證
	第十條　不可貪心

表格 2　十誡

其中，第一至第四條為對上帝的義務，第五至第十條為對他人的義務。因此，在《新約聖經》，耶穌將十誡總結為兩條最大誡命：「愛上帝」及「愛人如己」。

> 耶穌對他說、你要盡心、盡性、盡意、愛主你的上帝。這是誡命中的第一、且是最大的。其次也相倣、就是要愛人如己。這兩條誡命、是律法和先知一切道理的總綱。（馬太福音 22:37-40）

猶太教在十誡的基礎上發展出複雜的宗教律法系統，規定猶太人的生活方式。然而，及至第一世紀，律法已經非常僵化，與原來「愛」的原則相違。例如第四誡規定「當守安息日」，因此猶太教律法嚴禁安息日一切工作，包括治病和趕鬼。耶穌否定僵化的律法，反對死守條文而不知條文之意義，多次刻意挑戰律法，在安息日治病趕鬼，引起法利賽人不滿。

何為愛人如己？

愛人如己，或譯愛你的鄰舍，是一種「普世愛」。《新約聖經》原文是以希臘文寫成的。在希臘文裡，愛有三個字詞：欲愛（eros）、友愛（philia）和博愛（agape）。欲愛喜愛能滿足自身物質情欲的對象，友愛則喜愛能滿足精神追求的對象，兩者都是有所偏好的愛。而博愛卻是無差別、無偏好的愛，即愛所有人，不論美醜、善惡、敵人。因此，耶穌教導人要愛你的仇敵。

人為何會犯罪？

人之所以會違反神聖法，是由於人順從私欲。

根據〈創世記〉，上帝創造人類的始祖亞當和夏娃，曾命令他們不能吃伊甸園的分辨善惡樹上的禁果。然而，二人吃了禁果，違反了上帝的誡命。可是，在這故事之中，最重要的其實不是這個禁果為何被禁，這個果不是蘋果之類，而是在於此行為的動機及所引伸出來的結果。在亞當和夏娃吃禁果前，上帝與人類同居於伊甸園，人神關係本是完好，而人際關係亦是和好。然而，當蛇引誘夏娃吃禁果時，蛇說：「你們喫的日子眼睛就明亮了、你們便如上帝能知道善惡。」（創世記 3:5）夏娃不信上帝而吃禁果，而亞當聽夏娃勸後亦如此行，即顯示神人關係破裂了。「離開伊甸園」即喻意神人之分離；這事件稱之為墮落。

除此以外，禁果一事亦帶來人際關係之破損。因為當上帝質問亞當為何吃禁果，亞當立即推卸責任，怪責夏娃叫他吃禁果。所以二人的罪已顯示了罪的本質：違反愛上帝與愛人如己的原則，令神人關係與人際關係破裂。

奧古斯丁稱亞當及夏娃所犯的罪為原罪。原罪令神人關係破裂；人既離開至善的上帝，失落善性，並出現了亞當夏娃犯罪的先例，人自此就有犯罪的先天人傾向。

　　雖然所有人皆有原罪，但這不代表人「必然」犯罪，只代表人有犯罪的傾向；因爲基督宗教始終相信人是上帝所創造，有上帝的形象，故其本性必然爲善良。只要透過基督及聖靈「去除」人的罪性，人即能回復本來的性善。這種性善的體驗，就是下一章所說的「自然法」。

引經據典

　　原罪雖是人人所固有的，但在亞當的任何子孫身上，原罪都沒有本罪的特性。它在於缺乏原始的聖德和義德，然而人的本性並未完全敗壞：它只是在自己本性的力量上受到損害，要受無知、痛苦和死亡權力的困擾，而且傾向於罪惡（這種對邪惡的傾向稱爲「私欲偏情」）。（《天主教教理》405）

亞奎那的自然法

討論

1. 試列出一項你自己認為最重要的道德標準。

2. 你認為每個人有相同的良知嗎？為什麼？

良知從何而來？

基督宗教認為人的良知從上帝而來。聖經說，「就照著自己的形像造人、乃是照著他的形像造男造女。」（創世記 1:27）上帝創造人類時，使人類皆有上帝形象。根據中世紀神學家亞奎那的解釋，上帝形象就是指智力及良知。

可以從三方面看人內的天主之肖像：第一，人有認識和愛天主的自然才能，而這種才能在於人心靈之天性，是眾人所共有的。第二，人有認識和愛天主的活動或習性，但不是完美的；這是由恩寵促成的肖像。第三，人有認識和愛天主的完美現實活動；這是根據榮福之相似來看肖像。（亞奎那著、周克勤等譯，《神學大全》第三冊第九十二題第四節）

良知是根據什麼道德標準的啊，你的良知跟我的良知一樣嗎？

所有人的良知是一樣的，因為良知根據相同的自然法而運作。

自然法指是人追求善的自然傾向，來自人所擁有的上帝的形象。即使對方不是基督徒，也會有是非之心知道善惡。這一點亞奎那的主張與孟子性善論頗為相似，同樣相信人性趨向善。

「沒有律法的外邦人、若順著本性行律法上的事、他們雖然沒有律

法、自己就是自己的律法。這是顯出律法的功用刻在他們心裏、他們是非之心同作見證、並且他們的思念互相較量、或以爲是、或以爲非」（羅馬書2:14-15）

「在萬物中，以有理性的受造物特別受天主的照管，因爲他分有照管能力，能照管自己和別的東西。爲此，他也分有永恆之理，因之而對應有之行動和目的具有自然傾向。有理性之受造物所分有之永恆法律，即稱爲自然法律。」（亞奎那著、周克勤等譯，《神學大全》第六冊第九十一題第二節）

自然法所趨向的目的稱之爲訓令（precept）。然而，亞奎那認爲，訓令有先後之分，並指出只有五個首要訓令（primary precept）最爲重要：

1. 保存性命
2. 生育
3. 教養子女
4. 敬拜上主
5. 社群生活：與他人相處和睦。

上述訓令以外的其他道德目的，都被稱爲次要訓令（secondary precepts）。次要訓令是根據亞里士多德所言之實踐理性，在具體處境裡判斷如何實踐首要訓令。例如，在父母與子女的家庭生活裡，要實踐「社群生活」的首要訓令，父母和子女分別要實踐「愛護子女」及「孝順父母」的次要訓令。因此，次要訓令乃因時制宜、因人而異的；然而，首要訓令卻是永恆而普遍的，無須透過實踐理性而得出，因爲它們是上主賜予人的。

人如何實踐道德？

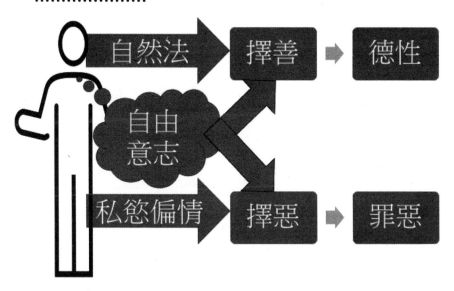

圖表 16　自由意志

既然人同時擁有善的傾向（自然法）及惡的傾向（原罪），即人不必然行善，亦不必然行惡。決定人行善行惡，全憑一念之間，這就是基督宗教所說的自由意志。

簡單來說，自由意志是選擇的能力。亞奎那理解的自由意志是理性的選擇。他聲稱：

……人也是按判斷行動；因為是以認知能力判斷是該逃避某東西，或該追求某東西。但是由於這種判斷，不是本能對某個別事件的判斷，而是來自理性的一種比較；所以他的行動是出於自由的判斷，能有多種不同的選擇。（亞奎那著、周克勤等譯，《神學大全》第三冊第八十三題第一節）

然而，存在主義哲學家齊克果不同意，認為自由意志作為動機，其實

仍是一種情意（passion），而非理性的。例如，某人在理性上知道「不可
殺人」的道德律則，並不保證他會選擇遵守此律則。我們不能假設人的言
行必與其理性判斷一致（事實上人總有不理性的時間）。是否根據理性的
認知作出判斷，完全取決於動機，例如對某一道德律則的主觀承諾，或是
道德情感。如果一人麻木不仁，根本沒有道德動機，即使他理性上知道「不
可殺人」的道德律則，這一認知也對於他的選擇毫無影響。

做好人有什麼好處啊？

　　除了會得到上帝賞賜外，亞奎那認為實踐自然法會直接令人類社會實
現最後目的（final good），即得到幸福的生活。然而，人若不知應如何實
現首要訓令，在錯誤的對象裡尋求實現最後目的，就會犯罪。例如人有「崇
拜上主」的首要訓令，結果卻拜偶像，以為偶像是神，就犯了罪。因此亞
奎那認為基督宗教有必要教導人正確運用人天生俱來的自然法，以實踐道
德。

耶穌拯救你：救贖論

討論

1. 你認為上帝存在嗎？為什麼？
2. 人能否單憑自己力量而實現愛人如己？為什麼？

上一章提到，在自由意志的概念裡，因為自然法，人有行善的可能；但同時因為原罪，人有犯罪的可能。基督宗教認為由於人始終無法消滅其犯罪的可能，因此只有信靠耶穌才能得救。但「信耶穌」又如何使人得救呢？這就要先了解基督宗教的三位一體的上帝觀。

何為三位一體？

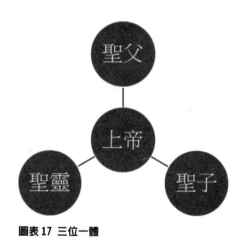

圖表 17　三位一體

基督宗教是一神論的宗教，可是卻同時相信上帝有三個位格：聖父、聖子、聖靈。此話何解？為何同一個上帝會有三個位格？

讓我們用課室投影片做個比喻。上課時，學生只看見屏幕上的投影片，卻看不見教師電腦上的簡報者檢視畫面。「簡報者檢視畫面」對學生

來說是隱藏的，只有屏幕上的投影片對他們來說是顯現的。而當他們吸收了投影片上的資訊，這些資訊就不再外在於他們，而是內在於他們。然而，無論是簡報者檢視畫面、屏幕上的投影片，還是腦海裡關於投影片的資訊，都是相同的內容。

同樣地，三位一體裡，聖父、聖子和聖靈雖然角色不同，但都是同一個上帝。聖父超越的創造者，祂超越世界，故對人類來說，就似是簡報者檢視畫面一樣不可見；反之，聖子耶穌基督道成肉身（incarnation），來到世上，向人顯現，猶如屏幕上的投影片。而聖靈即為降臨在信徒身上，使之擁有道德的知識與實踐力量，好似我們吸收的知識一樣。《尼吉亞信經》就對三位一體的分工作出了簡單的描述：

> 我們信獨一上帝，全能的聖父，是創造天地，並一切有形無形萬物的主。……我們信獨一主，耶穌基督，上帝的獨生子，在萬世以前為父所生，從上帝所出的上帝，從光所出的光，從真上帝所出的真上帝，是生，非造，與聖父同體。萬物都是藉著祂受造。為要拯救我們世人，從天降臨，因聖靈的大能，為童貞女馬利亞所生，成為世人。在本丟彼拉多手下為我們釘在十字架上；被害、受死、埋葬。應驗了聖經的話，第三天復活；升天，坐在聖父的右邊。將來必駕威榮再臨審判活人死人，祂的國永無窮盡。……我們信聖靈，是主，是賜生命者，從聖父、聖子出來。和聖父、聖子同受敬拜，同享尊榮。往日藉著眾先知傳話。我們信使徒所傳唯一聖而公之教會。我們承認為赦罪設立的獨一洗禮。我們盼望死人的復活，並來世的永生。阿們。（《尼吉亞信經》）

何為道成肉身？

道成肉身是指：上帝聖子耶穌基督降生成人，為拯救人脫離罪惡，進

入永生。如聖經所說：「道成了肉身、住在我們中間、充充滿滿的有恩典有眞理。我們也見過他的榮光、正是父獨生子的榮光。」（約翰福音 1:14）

應留意的是，多數的基督宗教的宗派認爲，基督既是上帝，也是人類，故兼有神人二性。而耶穌道成肉身並不是爲了好似宙斯下凡一樣來把妹，而是爲了拯救罪人，是出於道德動機的舉動。

獨生子及上帝聖言，永生不朽者，爲了我們的得救，你願由至潔誕神女，永貞瑪利亞取肉軀，無改易而成爲人；上帝基督，你被釘十字架，以死亡踐滅了死亡；你是聖三之一位，與父及聖靈同受榮耀；求你拯救我們。（正教會《聖金口若望事奉聖禮》〈獨生子及上帝聖言〉聖頌）

上帝愛世人、甚至將他的獨生子賜給他們、叫一切信他的、不至滅亡、反得永生。（約翰福音 3:16）

但耶穌如何拯救罪人呢？

根據基督宗教的說法，耶穌被釘在十字架上、受死、埋葬，第三天復活（這正是受難日和復活日的來源），四十日後升天，戰勝死亡。但這故事跟人類有何關係？這犧牲如何拯救了人？

「基督的拯救」可以有兩種解釋。第一種傳統的解釋，可以簡稱爲「頂罪說」、「頂包說」：本來該死的是罪人，但耶穌爲人類頂罪，代替人類承受刑罰（死於十字架上），因此有承認基督死而復活（也就是承認被祂頂包的人）都可以得救，不必受罰。如聖經說：「因爲人子來、並不是要受人的服事、乃是要服事人、並且要捨命、作多人的贖價。」（馬可福音 10:45）

第二種較爲神學的解釋，可以稱之爲「榜樣說」。在墮落以後，人類因爲原罪的傾向，容易變得自私，只追求欲望的滿足，而不愛上帝又不愛

人，傷害他人。久而久之，人受欲望束縛，追逐外物，失去了自由。但耶穌決定無私的犧牲自己，卻是完全違反了人自然的本能，否定了人的自私，實踐了普世愛：因此，基督的犧牲彰顯了擺脫欲望束縛的自由，只要人效法基督，亦可擺脫欲望束縛，得以實踐普世愛。如保羅所言：

> 為義人死、是少有的、為仁人死、或者有敢作的。唯有基督在我們還作罪人的時候為我們死、上帝的愛就在此向我們顯明了。現在我們既靠著他的血稱義、就更要藉著他免去上帝的忿怒。因為我們作仇敵的時候、且藉著上帝兒子的死、得與上帝和好、既已和好、就更要因他的生得救了。不但如此、我們既藉著我主耶穌基督、得與上帝和好、也就藉著他、以上帝為樂。（羅馬書 5:7-11）

為何要愛人如己？

基督宗教認為，罪之出現令神人關係與人際關係皆破裂，而愛是令關係得以復合的唯一方法。當人類還是罪人，仍是上帝的敵人時，上帝猶愛人類，賜下聖子耶穌基督為罪人受死。因此，人也要效法基督的愛去愛仇敵，愛所有人。

> 只是我告訴你們、要愛你們的仇敵·為那逼迫你們的禱告。這樣、就可以作你們天父的兒子·因為他叫日頭照好人、也照歹人、降雨給義人、也給不義的人。你們若單愛那愛你們的人·有什麼賞賜呢·就是稅吏不也是這樣行麼。你們若單請你弟兄的安、比人有什麼長處呢·就是外邦人不也是這樣行麼。所以你們要完全、像你們的天父完全一樣。（馬太福音 5:44-48）

愛人如己好難啊！人怎能做到呢？

　　或許有人會質疑：耶穌是神啊，但我是人啊，他可以犧牲，我哪有能力犧牲，哪有能力實行普世愛？這就是聖靈的作用了。

　　基督宗教認為，人唯有藉聖靈／聖神的力量，賜人愛的力量，才能克服人性的限制，做到愛人如己。如保羅所言：「你們當順著聖靈而行、就不放縱肉體的情欲了。因為情欲和聖靈相爭、聖靈和情欲相爭，這兩個是彼此相敵、使你們不能作所願意作的。但你們若被聖靈引導、就不在律法以下。」（加拉太書 5:16-18）

　　然則與德性倫理學相反，基督宗教認為人的道德能力來自上主而非自身。其中，天主教將聖靈給人的能力分成七種神恩（出自以賽亞書 11:2-5）。

　　七種神恩包括：

1. 上智：以上主眼光看世界。
2. 聰敏：使人明白受造物與上主的關係。
3. 超見：藉上主的智慧判斷善惡、是非。
4. 剛毅：以勇氣和毅力堅守信德。
5. 明達：理解他人，認識上主的奧祕和事理。
6. 孝愛：加深人對上主的愛。
7. 敬畏：從內心而發對上主的敬畏、讚美和服從。

圖表 18　七種神恩

上主的靈必住在他身上、就是使他有智慧和聰明的靈、謀略和能力的靈、知識和敬畏上主的靈。他必以敬畏上主為樂，行審判不憑眼見、斷是非也不憑耳聞，卻要以公義審判貧窮人、以正直判斷世上的謙卑人，以口中的杖擊打世界，以嘴裏的氣殺戮惡人。公義必當他的腰帶、信實必當他脅下的帶子。（以賽亞書 11:2-5）

基督宗教各宗派皆認為，當人照聖靈而實踐道德，就會得出好九個結果，即九個聖靈果子（加拉太書 5:22-23）。

1. 仁愛：愛上帝及愛人如己。
2. 喜樂：因與上帝和好而得的喜樂。
3. 和平：上帝所賜的平安以及人與人之間的和睦相處。
4. 忍耐：忍受苦難而不動搖信德。
5. 恩慈：對他人溫柔和寬容。
6. 良善：以恩慈的態度待人。
7. 信實：忠信上帝，並對他人互相信任。
8. 溫柔：謙卑的態度。
9. 節制：控制自己的思想行動。

聖靈所結的果子、就是仁愛、喜樂、和平、忍耐、恩慈、良善、信實、溫柔、節制。（加拉太書 5:22-23）

實踐道德有什麼好處啊？

基督宗教認為，八類人跟從基督的教導，靠聖靈的能力實踐道德，即使在世上沒有得到幸福，最終會得到上帝八種祝福和賞賜，也就是八福，包括：

1. 虛心：完全依靠上主的人。

2. 哀慟：爲世上不義或世人不認識上主而哀傷的人。

3. 溫柔：能藉上主恩典以控制情緒的人。

4. 飢渴慕義：追求上主公義的人。

5. 憐恤：接受上主仁慈後跟他人分享的人。

6. 清心：一心一意追求上主，而不依從自己情欲而行的人。

7. 使人和睦：使人和睦，修補他人關係的人。

8. 爲義受逼迫：因堅持眞理和公義的緣故而受迫害的人。

　　虛心的人有福了！因爲天國是他們的。哀慟的人有福了！因爲他們必得安慰。溫柔的人有福了！因爲他們必承受地土。飢渴慕義的人有福了！因爲他們必得飽足。憐恤人的人有福了！因爲他們必蒙憐恤。清心的人有福了！因爲他們必得見上帝。使人和睦的人有福了！因爲他們必稱爲上帝的兒子。爲義受逼迫的人有福了！因爲天國是他們的。（馬太福音 5:3-10）

　　因此，基督宗教認爲，即使有些義人在世上沒有好下場（正所謂忠忠直直，終須乞食），基督徒相信，在末世審判時，所有人都要復活，面對上帝的審判，義人將得到獎賞，惡人卻要受懲罰。故此，八福所指的福，不限於現世上的幸福，亦指涉末世、死後的求恆福樂。

　　人若因我辱罵你們，迫害你們，捏造各樣壞話毀謗你們，你們就有福了。要歡喜快樂，因爲你們在天上的賞賜是很多的。在你們以前的先知，人也是這樣迫害他們。（馬太福音 5:11-12）

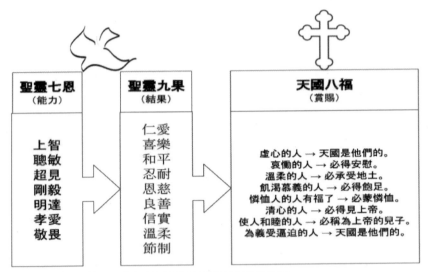

圖表 19　聖靈七種神恩、九個果子及天國八福三者之間的關係

延伸閱讀

王忠林，《新譯荀子讀本》，臺北：三民書局，2009。

王陽明，《王陽明全集：新編本》，杭州：浙江古籍出版社，2010。

北森嘉藏著、湯愷杰譯，《上帝之痛的神學》，香港：道風書社，2021。

牟宗三，《中國哲學十九講》，臺北：臺灣學生書局，2020。

牟宗三，《圓善論》，臺北：臺灣學生書局，2019。

李生龍、李振興，《新譯墨子讀本》，臺北：三聯書局，2010。

亞里士多德著、廖申白譯，《尼各馬可倫理學》，北京：商務印書館，2003。

亞奎那著、周克勤等譯，《神學大全》，第一至第十七冊，臺南：中華道明會及碧岳學社，2008 年。

柏拉圖著、彭文林譯，《克拉梯樓斯篇》，臺北：聯經出版，2002。

唐君毅，《中華人文與當今世界》，臺北：臺灣學生書局，2018。

勞思光，《新編中國哲學史》，臺北：三民書局，1995。

卷三：形而上學及知識論

第五章　在嗎？古代篇

神話：以日本神道教爲例

討論

1. 你認爲世界從何而來？
2. 假設你回到遠古時代，古人問你宇宙如何誕生，你會如何解釋？

　　由於古人沒有科學知識，不知如何解釋宇宙起源、自然現象以及社會秩序，於是便出現了神話。本章將以東亞的日本神道教爲例，解釋神話的意義。

何爲神話？

　　人類學家勞里・洪科（Lauri Honko）認爲，神話是一些關於創造、重大事件、自然、文化活動等的宗教解釋，並表達：

> 社會的宗教價值和規範，提供一套行爲形式以便模仿，以實際目的見證禮儀的功效，以及建立宗教的神聖。（作者漢譯自 Honko, Lauri, "The Problem of Defining Myth," 49.）

　　然而，日本哲學家西谷啓治進一步指出，「神話學」（mythology）這一概念，其實是現代人的產物，因爲對於古人來說，「神話」就是眞實：

> 對於那些直接活在神話學裡的人來說，神話學不是神話學；意識到它們是「神話學」的人——只要他們有這種意識——並非直接活在神話之中。（作者漢譯自 Nishitani, Keiji, 'The nation and Religion', 394.）

神話擁有四種價值：

1. 美學價值：作爲文學等藝術品的藝術價值
2. 認知價值：解釋自然或文化現象如何發生
3. 道德價值：教導人某套生活規範
4. 宗教價值：展示對超越的追求

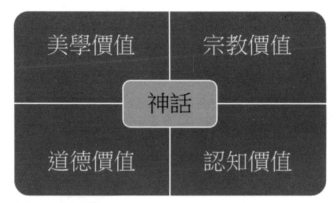

圖表 20　神話四種價值

神道教相信什麼？

神道教並無完整的教義系統；雖然神道教有兩本記載神話的經典，即《古事紀》及《日本書紀》（皆以漢文寫成），但是兩者卻不是完整的教義經典，只是神話故事集。因此，要認識神道教，應由其故事入手。

根據《古事紀》及《日本書紀》，宇宙是由伊奘諾尊與其妹兼妻子伊奘冉尊所創造。二人結合後，生下萬物，但伊奘冉尊卻不幸在生產火神時被火神燒死，下了黃泉（死後世界）。伊奘諾尊大怒，斬殺火神，然後到黃泉希望尋回妻子，卻驚見妻子已變成膿沸蟲流，嚇得逃跑回到葦原中國（人間），與之決裂。

二神生下了日女神天照大神、月神月讀尊以及海神素戔嗚尊。天照大神繼承了高天原（上天）的統治權，而素戔嗚尊則因思念伊奘冉尊而被伊

奘諾尊流放。伊奘諾尊圓寂後，素戔嗚尊因思念天照大神而回高天原，但所到之處卻引起地震，令天照大神以為他要攻打高天原，立即帶兵出迎。素戔嗚尊為表明無以冒犯，即與姊姊天照大神「合生子女」以立誓互不侵犯。

　　然而，素戔嗚尊在高天原住下來後，行為漸漸變得放肆。《日本書紀》記載曰：「復見天照大神當新嘗時。則陰放屎於新宮」（當天照大神新嘗穀物時，他跑到屋頂上拉屎）；「又見天照大神、方織神衣居齋服殿，則剝天斑駒」（當天照大神和方織神在紡織時，又把天斑駒的皮剝去拋入室內）。身為日神的天照大神受驚，躲入天岩戶，令世界陷入黑暗，妖怪橫行。為了使世界恢復光明，思兼神請諸神打造八咫鏡和八尺瓊勾玉，並讓天鈿女命佩帶之，半裸跳舞，誘使天照大神出洞觀看，最終世界恢復光明，素戔嗚尊亦被趕出高天原，流落葦原中國，其後代統治葦原中國，直到天照大神的孫瓊瓊杵尊因大國主命管理不善，而下凡接管葦原中國為止。

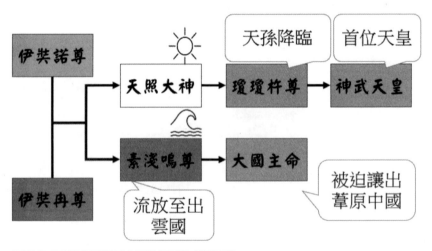

圖表 21 高天原神與葦原中國神的家譜（簡略版）

　　在上述神話故事中，我們可以發現一個特點：高天原（天界）、葦原中國（人間）、根之國（地下世界）和黃泉（死後世界）四個世界，雖有

區別，卻是相連的，神明可以在這四個世界走動。因此，神道教的神明並非完全超越世界，擁有人性的七情六欲，甚至還有生死，是「現世」（immanent）的。

圖表 22 神道教的世界觀

　　神道教的神明除了可以按照境界劃分，亦可以按照種類作出以下劃分：

1. 自然神明：如動物、植物、山川之神靈
2. 祖靈信仰：祖先死後的神靈為後代供奉
3. 產土神：土地守護神（氏神或鎮守等）
4. 御魂：古代英雄或名人，其形象又可以分成帶來凶禍的荒御魂以及平和的和御魂；和御魂又可分成帶來祝福的幸御魂以及擁有神祕力量的奇御魂。此合稱一靈四魂；同一御魂會同時有不同形象。

　　神的紀念日慶典稱之為「祭」；日本全國各神社都有不同的祭日。因為神道教神明甚多，故有「八百萬神」一說。

神道教的神話又色情又暴力……哪來道德教化啊？

神道教神話充斥著亂倫等不合道德的情節，正顯示了原始神話的特性：在原始社會，道德規範還未系統化之前，神話總是充斥著各種今日會被視作「不道德」的事情。但弔詭的是，不道德的神話故事往往又嘗試提供一些道德教訓。因此，神道教是否主張道德教化在江戶時期日本國學（研究日本本土思想的學派）內引起爭論。

此爭論源自於日本國學家如何理解神道教中帶來災難和惡運的「禍津日神」（マガツヒノカミ）與帶來祝福和好運的「直毘神」（ナオビノカミ）。

平田篤胤（1776-1843）認為所謂作為「惡神」的禍津日神」是一種「荒魂」，與帶來幸福的「和魂」對立，但兩者同樣在人心裡作祟，使人產生善念和惡念，從而作出道德判斷。

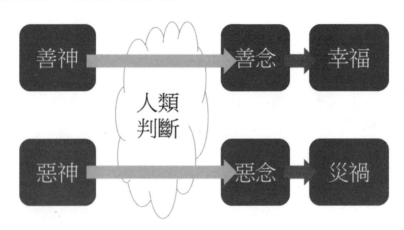

圖表 23　平田篤胤理解神與人類道德的關係

本居宣長（1730-1801）卻認為，神道教根本與道德教化毫不相干。無論人行善行惡與否，禍津日神都會無情地降災，善神也會無情地降福。禍福與善惡根本毫無關係。

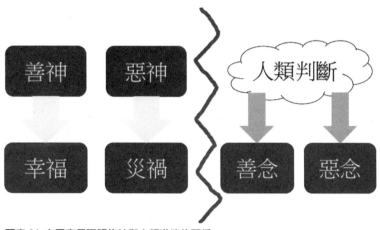

圖表 24 本居宣長理解的神與人類道德的關係

　　本居宣長理解的神明變得十分不近人情，亦可能會令人質疑：如果神明決定禍福和吉凶時根本不理會人類或善或惡，而是隨心所欲，則人無必要行善，更無必要求神保佑。反之，平田篤胤理解的神明與人類的關係更爲密切，變成人的善念與惡念的來源，而「拜神」以求指引、求保佑亦變得更合理。例如，神道教有禊祓儀式，以將人的「濁心」淨化，以去除惡念和汙穢，使濁心變爲「清明心」。如果本居宣長堅持神道教與道德教化毫不相干的立場，那麼神道教的禊祓儀式就很難說得通了。

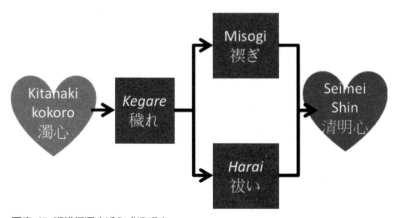

圖表 25 禊祓把濁心淨化成清明心

東亞傳統形上學：周易與陰陽五行

除了用神話解釋世界以外，古代中國還發展出一套特殊的宇宙論（cosmology），稱之為陰陽五行。

何為陰陽？

陰，本指背日；陽，本指向日。兩字本無占卜之意，卻被《周易》改成是透過對立而生成宇宙萬物生成之天道：

> 一陰一陽之謂道，繼之者善也，成之者性也。仁者見之謂之仁，知者見之謂之知。百姓日用而不知，故君子之道鮮矣。顯諸仁，藏諸用，鼓萬物而不與聖人同憂，盛德大業至矣哉。富有之謂大業，日新之謂盛德。生生之謂易，成象之謂乾，效法之為坤，極數知來之謂占，通變之謂事，陰陽不測之謂神。（《周易・繫辭下》）

何為五行？

五行將宇宙萬物按特徵分成五大類：火、水、木、金、土。此說源於戰國末年，由陰陽家鄒衍所創。

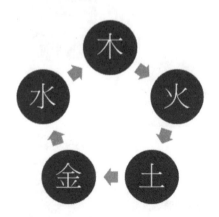

五行：一曰水，二曰火，三曰木，四曰金，五曰土。水曰潤下，火曰炎上，木曰曲直，金曰從革，土曰稼穡。潤下作鹹，炎上作苦，曲直作酸，從革作辛，稼穡作甘。《尚書・洪範》

五行之間有所謂相生和相剋的關係：

相生：木生火→火生土→土生金→金生水→水生木
相剋：木剋土→土剋水→水剋火→火剋金→金剋木

陰陽五行學說啟發了宋儒理學對於宇宙萬物生成的論說（宇宙論）。

宋儒認為宇宙如何生成？

周敦頤（1017-1073）和邵雍（1012-1077）引入作為物質最基本的元素「氣」以解釋陰陽如何生成萬物。周敦頤說：

自無極而為太極。太極動而生陽，動極而靜，靜而生陰，靜極復動。一動一靜，互為其根；分陰分陽，兩儀立焉。陽變陰合，而生水、火、木、金、土。五氣順布，四時行焉。（《周元公集・太極圖說》）

周敦頤主張無極（無窮，即萬物本源）→太極→陰陽→五氣：水、火、木、金、土。陽出自太極之動，陰出自太極之靜，兩者互動而生成五種氣。

然而，張載（1020-1077）不同意以五行劃分氣，也不認為所有氣都是生自陰陽。他說：「形而後有氣質之性，善反之則天地之性存焉。」（《正蒙・誠明》卷六）張載將氣分成兩類：由太虛所生的「太虛之氣」，以及由陰陽所生的「陰陽之氣」。太虛之氣生「天地之性」，是人類天生而純善的本性；而陰陽之氣則生「氣質之性」，是人類後天而可善可惡之性。

這樣一來，張載就提出了一套性二元論。

圖表 26　張載性二元論

但細看這種「二元論」其實根本不太二元，因爲：若然太虛之氣跟陰陽之氣同爲「氣」，則其實天地之性與氣質之性也是同一「性」。既然兩者不是必然對立，則此劃分或非必要。這正是程顥（1032-1085）的想法。他說：

> 「生之謂性」，性即氣，氣即性，生之謂也。人生氣稟，理有善惡，然不是性中元有此兩物相對而生也。（《二程遺書》卷一）

程顥之弟程頤（1033-1107）進一步提出「理氣二元論」：他反對以出自太虛的「氣」去言人性，認爲「氣」所產生的有形物體之上有更高的原則存在，稱之爲理或道，只有以「理」才能定義「性」。他說：

> 陰陽，氣也。氣是形而下者，道是形而上者。（《二程遺書》卷十五）
> 性即理也，所謂理，性是也。天下之理，原其所自，未有不善。（《二程遺書》卷二十二）

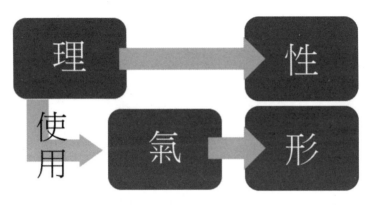

圖表 27　程頤的理氣二元論

　　從此以後，氣就被貶得成展現理的工具。此說稱爲「性即理」說。這影響了朱熹對人性及道德實踐的看法，將在倫理學一章內詳述。

柏拉圖：共相說

討論

1. 這個世界是眞實存在的嗎？
2. 何爲眞實存在？

可能你會覺得本章討論的問題好無聊（就跟其他哲學問題一樣）；不過，從東亞哲學的角度來看，這些西方哲學的問題顯得特別無聊、特別奇怪，因爲東亞哲學的出發點與西方哲學的出發點不一樣。因爲西方哲學始終關心何爲眞理的基礎，其出發點正是對自然世界的關心，所以西方重視自然科學的發展。但東亞哲學更關心的是何爲道德的基礎，其出發點正是對社會政治的關注，因此東亞更重視道德哲學的發展。

古希臘前蘇格拉底時期的哲學家最關心的是關於自然世界的眞理，也就是自然科學的眞理。自然地，他們必會追問此問題：世界由何構成？這些哲學家相信世界是由一種單一的本原或始基（arkhḗ）構成的，因此他們致力尋找這始基的本質。因此世界由何構成之問題可被改寫爲：何爲始基？

何爲始基？

現代自然科學告訴我們，所有事物都是由分子組成，而分子則由原子構成。原子核裡最細小、不可分割的單位是夸克。多虧科學家的發現，中學生上化學科才要痛苦的背誦元素週期表。但古人沒有物理化學知識，沒有顯微鏡，因此他們對「何爲始基」的回答近乎是亂猜和胡說。例如米利都的泰勒斯（Thales of Miletus，626/623-548/545 BC）認爲「水」是萬物本源，第歐根尼（Diogenes，412-323 BC）認爲「氣」是萬物本源，阿那克西美尼（Anaximenes of Miletus，586-526 BC）認爲火爲最純之氣，赫

拉克利特（Heraclitus，540-480 BC）進一步認為萬物都是流變以及「火」是萬物本源，阿那克薩哥拉（Anaxagoras，500-428 BC）認為是「種子」是萬物之源，巴門尼德（Parmenides，515-445 BC）卻認為「有」（Being）是萬物之源。最後，恩培多克勒（Empedocles，490-430 BC）就索性大包圍，提出「地水火風」四根說。

值得留意的是，巴門尼德和赫拉克利特對始基的回答，漸漸把始基由物質性的元素抽象化成概念。赫拉克利特認為萬物都是流變，因此考察流變背後的法則成為重要的科學問題；而巴門尼德以無形、不可見的「有」作為萬物存在的基礎，更是以跳出了物理世界的範圍去思考世界的生成，為柏拉圖鋪路。

柏拉圖認為何為萬物的本源是什麼？

柏拉圖認為不可見、作為萬物形式（form）的「共相」（eidos）是萬物的本源。他認為只有不可見，作為萬物形式的「共相」eidos（舊譯理型）為真實，而所有可見事物只是共相不完美的呈現。

柏拉圖的共相說可以用月餅模的比喻解釋。月餅模規定了月餅的形式，而蓋出一個又一個外貌大概相同的月餅，然而月餅的餅皮和內涵卻不盡相同，有的是單黃，有的是雙黃，有的是冰皮等等。同理，世上有不同的狗，但他們都是由同一個「狗」的共相而來。

不過由於柏拉圖沒吃過月餅，所以他解釋共相是以另外三個比喻來解釋：

洞穴說：柏拉圖認為，人就好似一群被關押在洞裡的囚犯，雙手、雙腳和脖子被鐵鍊鎖上，只能看見牆上的影子，就以為這是真實。然而牆上的影子只是洞裡的火照射物件的投影。直到有人掙脫鎖鏈，逃離洞穴，才知道牆上所見只是投影；再走出洞穴，才得見太陽照耀下的真實世界。

日喻：柏拉圖又以太陽為喻，如同太陽照射事物，使人得見事物，最

高的善亦使人能以理解共相。

圖表 28 日喻：猶如太陽照射使事物看見，最高的善光照共相使之可被理解

根據共相與可見事物的對立，柏拉圖把世界分成可見世界與知性世界（或共相世界）兩個；所以柏拉圖主張二元論。

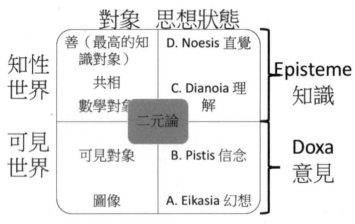

圖表 29 柏拉圖的共相世界與可見世界

如上圖可見，在知性世界裡，對象是共相，人透過思想理解共相，從而得到知識；反之，在可見世界裡，對象是可見事物，人卻透過感官感受可見，因而形成意見。

在共相世界之中，為何又要分成最高的善和共相兩種對象呢？最高的

善跟共相有何區別？

　　由於柏拉圖認爲共相是完美的，因此他認爲共相應該只有一個無所不包的共相。但問題來了：貓有貓的共相，狗有狗的共相，人有人的共相，這不就說明有多個不同的共相存在嗎？爲了建構一個絕對完美、無所不包的共相，柏拉圖只好提出「最高的善」的概念，聲稱這是最高的共相，能統合所有的共相，是唯一、最高的形式，求恆不變、不占時空而且普遍，且先於一切的存在，是最眞實的存在，猶如太陽一樣，如下表所示。

共相	可見事物
先於可見事物存在	後於共相而存在
唯一	衆多
永恆不變	暫時常變
普遍	特殊
不占時空	占有時空
眞實	虛假

表格 3　共相與可見事物的對比

　　柏拉圖哲學對共相的討論，總結了古希臘哲學所關心的三大問題：

　　1.有（being）與無（non-being）之對立：如果世界是存有，如何理解「不存在」或「無」？對於柏拉圖來說，只有最高的善才是最高、最眞實的「存有」，而所謂的「無」只是「有」的欠缺，不是一種存有。

　　2.一（one）與多（many）之對立：某一事物如何分有成爲多個事物而存在？在柏拉圖的哲學下，最高的善統合所有共相，而所有共相又統合了所有可見事物，所以衆多事物最終也是屬於相同的「一」，就是最高善。

　　3.二元論:共相 vs 可見之對立:這是柏拉圖哲學特別提出的主張。

因爲他將世界一分爲二，不似以前的前蘇格拉底哲學家只關心可見的自然世界，因此啓發後來西方哲學提出超越（transcendence）與現世（immanence）的概念區分：超越就是指在這可見世界以外之事物，現世則是指在這可見世界之內的事物。

不過，柏拉圖的二元論卻遭到其學生亞里士多德反駁。

亞里士多德：四因說

討論

1. 何為原因？原因跟理由有何分別？

2. 是不是所有事情發生都有原因和理由？為什麼？

3. 你認為可見世界比共相世界虛假嗎？為什麼？

上一章節提到，柏拉圖認為形式或共相就好似月餅模一樣，把可見事物倒模，使可見使用得以存在；因此形式與質料屬於兩個不同的世界，而形式先於可見事物存在。但亞里士多德（Aristotle 384-322BC）不認同此說。首先，沒有證據證明形式先於具體事物而存在。假使人類從未見過狗，人會擁有對狗的概念或形式嗎？當然，直到 2022 年為止，人類沒有見過外星人，卻有好似有外星人的形式或概念，然而我們對外星人的想像，只是基於現實可見的具體事物加以聯想：例如以蜥蜴聯想外星人的外貌。這正好說明這種形式是虛假的想像，並不會因而生出實物。即使有天我們看見外星人了，外星人也不可能跟我們幻想中的形式長得一模一樣。這就是說：人的形式的想像不可能脫離這可見世界。

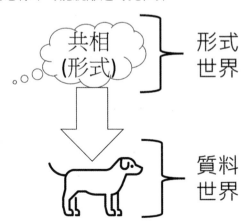

圖表 30　柏拉圖認為，形式先於具體事物而存在，而且形式存在於超越的形式或共相世界

　　因此，亞里氏多德認爲，形式和質料只存在於相同的可見世界；世界只有一個，就是可見世界。他提出實體（ousia, substance）的概念；實體＝形式＋質料。形式不能脫離具體的質料而獨立自存。性質只是各式各樣的形式，它們必須依附具體的實體才能存在。世上沒有「純粹的綠色」，只有葉上的綠色，顏料上的綠色，綠帽上的綠色等等。

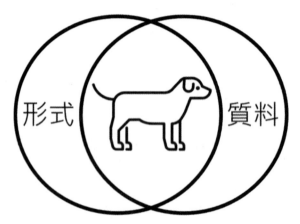

圖表 31　亞里士多德的實體概念：實體＝形式＋質料

　　亞氏認爲，形式之所以重要，是因爲它能構成範疇 （categories），把實體分門別類，例如「狗的形式」就將一類實體稱之爲「狗類」。要定義 x 的範疇，就必須找出使 x 之爲 x 的形式，這就是 x 的本質（essence）。

　　例如，人之所以爲人的形式是「理性動物」，因此人的本質是「理性動物」。

實體如何存在呢？

　　實體是質料與形式的結合，所以一個實體要存在，首先要同時有形式和質料。因爲兩者是實體存在或事情發生的原因，所以分別稱爲形式因和質料因。但單靠兩者是不足以令他們結合的，必須有一外力使兩者結合才行，此外力即爲動力因。最後，這實體之存在或事情的發生，必帶有一目

的而存在，此即爲目的因。

　　例如建造房屋時，建造房屋的草圖規定了房屋的形式，這就是形式因；其建築材料，就是質料因。建築工人的施工是動力因。但最重要的是，這房屋建來不是拿來擺美的，而是建造給人住的，這就是目的因（退一步，就算樓房建造出來不是用來給人住或用而是因爲炒房價，最少「炒房價」也是一個目的）。這就是亞氏的四因說。

圖表 32 例如建造房屋，要有草圖，有建築材料，又有工人施工，以及建造房屋的目的，即給人居住

亞里士多德如何解釋變化的發生呢？

　　亞里士多德同意赫拉克利特的觀察，嘗試解釋流變，反對巴門尼德。所有變化的過程，都是某物由顯到隱或由隱到顯的過程。由隱到顯的過程，稱之爲實現（actualisation）：某形式在特定時空裡因爲與質料的結合而變成具體的實體。由顯到隱的過程，隱／潛在（potentialisation）：某具體的實體被心靈構想其形式而變成抽象的概念。

　　亞氏指出變化有三大要素：

1. 背後的主體

2. 形式（正面屬性）

3. 形式的缺乏或隱藏

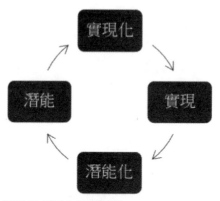

圖表 33 亞里士多德論變化

因此，變化有兩種情況：一、主體不變，其形式改變（由隱而顯或由顯而隱），二、形式不變，其主體改變（主體從無到有或從有到無）。

例如，整容大國韓國經常有女明星被揭發曾經整容。整容就是「由醜變美」的變化過程，也就是「美」這個形式由隱藏到顯現的變化過程，即可簡化為以下狀態：

狀態一：貌醜或不美（美作為隱藏的性質 privation）
狀態二：美女（美之形式出現）

這就是由隱而顯的形式變化。再看以下由顯而隱形式變化的例子：近年，香港電視臺 TVB 經常被香港網民在社交媒體上批評質素低下，電視劇愈來愈「難看」，此種變化即為「好看」的形式由顯現到隱藏的變化過程，如下所示：

狀態一：好看（好看作為形式出現）
狀態二：難看（好看作為隱藏的性質）

在上述兩例子中，變化的只是形式，而且過程預設了不變的主體。女星美不美，女星依然存在；TVB 電視劇好不好看，TVB 依然存在。反之，在解釋主體生滅時，即是預設一形式不變，而主體改變。

舉個例子：多年前，香港有一個收視很差、質素低下的免費大氣廣播電視臺，叫做亞洲電視（ATV）。後來因為亞洲電視實在太不堪，申請續牌時還遇到民間抗議反對，認為是浪費公共資源，政府最終決定取消其大氣電波的續牌申請。亞視作為免費大氣廣播電視臺的歷史就壽終正寢。亞視作為大氣廣播電視臺而倒閉的情況可以簡化為：亞視由存在變成不存在，即：

狀態一：亞視作為大氣廣播電視臺未倒閉
狀態二：亞視作為大氣廣播電視臺倒閉了

但亞視作為大氣廣播電視臺的形式依然存在的。例如，亞視可以作為一個笑話永遠存在於香港人的心中；張家輝在香港電影《賭俠》（1999）的經典對白「仆你個街，亞視嚟嘅喂！」（去你的，這是亞視！）即為一例證。

然而，亞視在 2017 年以網路電視臺的形式重生，繼續以奇葩的節目質素製造笑料。這種重生過程，可以說是亞視以另一種形式由不存在變為存在的過程，即：

狀態一：亞視作為網路電視臺未成立
狀態二：亞視作為網路電視臺成立了

因此，亞氏認為所有變化都預設不變之事物：如果形式變化，則其主體不變，稱之為偶然改變（Accidental Change）。如果主體變化，則其形

式不變，稱之爲實體改變（Substantial Change）。

思考

1. 請用四因說解釋以下事件的發生，或實體的存在：

   A. 哲學書

   B. 學校

   C. 皇宮

   D. 廁所

   E. 鐵路

   F. 大雄闖入靜香的澡室

   G. 蠟筆小生跳屁股舞

   H. 鮎澤美咲到女僕咖啡廳打工

2. 請說明以下變化是屬於偶然改變還是實體改變，並按狀態劃分描寫其變化過程（由隱到顯、由顯到隱、由無到有、由有到無），以及背後不變的到底是主體還是形式：

   A. 某政府倒臺了。

   B. 樓下有一間新餐廳開張了。

   C. 這套漫畫連載的劇情愈來愈爛！

   D. 傑靈女皇登基稱帝。

   E. 相澤紫瑛被貶下凡成爲守護天使。

   F. 夜斗有了一座神社。

佛教：緣起性空

之前我們提到，佛教否定實體存在，認為一切皆空。佛教的主張除了可以用「四聖諦」總結外，亦可用四法印總結：

1. 諸行無常：一切皆變幻
2. 有漏皆苦：有欲望的生命皆痛苦
3. 諸法無我：自我不存在
4. 涅槃寂滅：離苦得樂為解脫

佛教否定希臘哲學及基督宗教「實體」的概念，認為一切都是暫時而變幻的，沒有永恆。所有「存在」只是各項因素偶然混合而導致的結果，而這些結果亦會因為因素的偶然改變而消失，所有事物都是互相依存。既然沒有永恆而獨立自存的實體，所有事物的性質也是變幻無常，因此亦沒有永恆不變而規定事物根本屬性的「本質」。這種主張稱之為緣起性空。解釋事物生滅的說法被稱之為十二因緣。

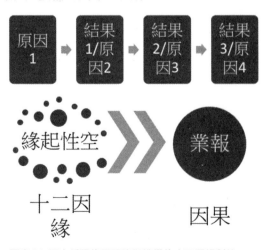

圖表 34 西方哲學的因果律與佛學的十二因緣對比

何為十二因緣？

十二因緣由無明→行→識→名色→六入→觸→受→愛→取→有→生→老死所組成。本文將根據南傳上座部佛教的達摩難陀長老《佛教徒信仰的是什麼》對《巴利經藏》的詮釋，去解釋十二因緣：

一、無明：人基於無知，不知道「緣起性空」的道理，因而受困於貪、嗔、痴三種負面情緒。

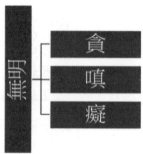

圖表 35　無明

諸比庫！無知於苦，無知於苦集，無知於苦滅，無知於趣苦滅之道，諸比庫！以此謂之無明。（《相應部》12.2）

二、行：造作諸業，即無明所產生的行為或結果，由無明所生。

此等有三行：身行、口行、心行是。諸比庫！以此謂之行。（《相應部》 12.2）

三、識：人類的心智能力，由行所生，由人的五蘊（五個存在基本要素，即色、受、想、行、識）所攝，可分成六識：眼識、耳識、鼻識、舌識、身識、意識。由行所生。

諸比丘！何為識？諸比丘！此等有六識身：眼識、耳識、鼻識、舌

識、身識、意識是。諸比丘！以此謂之識。（《相應部》12.2）

四、名色：物質和心理現象，由識所生。

諸比丘！何爲名色？〔諸比丘！〕受、想、思、觸、作意、以此謂之名；四 [P.4] 大種及四大種所造之色，以此謂之色。如是此名與此色，謂之名色。（《相應部》12.2）

五、六入：或稱爲六根、六處，即眼、耳、鼻、舌、身、意六種感官，相當於視覺、聽覺、嗅覺、味覺、觸覺和知覺，由名色所生。

諸比丘！何爲六處？〔諸比丘！此等有六處：〕眼處、耳處、鼻處、舌處、身處、意處，諸比丘！以此謂之六處。（《相應部》12.2）

六、觸：六入與外境（名色）的接觸，由六入所生。

諸比丘！何爲觸？諸比丘！有六觸身：眼觸、耳觸、鼻觸、舌觸、身觸、意觸是，諸比丘！以此謂之觸。（《相應部》12.2）

七、受：接觸外境後苦和樂的感受，由觸所生。

諸比丘！何爲受？諸比丘！此等有六受身：眼觸所生之受，耳觸所生之受，鼻觸所生之受，舌觸所生之受，身觸所生之受，意觸所生之受是，諸比丘！以此謂之受。（《相應部》12.2）

八、愛：對境產生的愛欲或欲望，由受所生。

　　諸比丘！何爲愛？諸比丘！此等有六愛身：色愛、聲愛、香愛、味愛、觸愛、法愛，諸比丘！以此謂之愛。（《相應部》12.2）

九、取：對某事物或狀態的追求，由愛所生。

　　諸比丘！何爲取？諸比丘！此等有四取：欲取、見取、戒禁取、我語取。諸比丘！以此謂之取。（《相應部》12.2）

十、有：業因形成並存有，由取所生。

　　諸比丘！何爲有？諸比丘！此等有三有：欲有、色有、無色有是。諸比丘！以此謂之有。（《相應部》12.2）

十一、生：生於世上，由有所生。

　　諸比丘！何爲生？於各種眾生之類，各種眾生之出生、出產、降生、誕生、諸蘊之顯現，諸處之獲得，諸比丘！以此謂之生。（《相應部》12.2）

十二、老死：衰老與死亡，由生所生。

　　諸比丘！何爲老死？於各種眾生之類，各種眾生之老衰、衰耄、朽敗、白髮、皺皮、壽命之頹敗、諸根之耄熟，以此謂之老。於各種眾生之部類，各種眾生之歿、　滅、破壞、死、破滅、諸蘊之破壞，遺骸之放棄，此謂之死。如是此老與死，諸比丘！以此謂之老死。（《相

應部》12.2）

　　我們可以套用十二因緣中由名色到有的過程解釋不少事物或狀態的發生。以「我買《Grand Jump》雜誌」為例：

1. 名色：Grand Jump 的漫畫呈現了「色境」。
2. 六入：我有一雙眼。
3. 觸：我的眼與 Grand Jump 的色境相觸。
4. 受：我的眼觸 Grand Jump 的色境而生受，認為這些會帶來「樂」（而非「苦」）。
5. 愛：我對 Grand Jump 產生欲望。
6. 取：我想得到 Grand Jump。
7. 有：我買《Grand Jump》雜誌

　　此外，十二因緣還解釋了自我意識的無常：自我意識只是跟外境接觸產生知覺的結果。一旦外境改變，自我意識也會改變。因此，當人死亡，沒有知覺時，自我意識亦因而灰飛煙滅，如下圖所示。

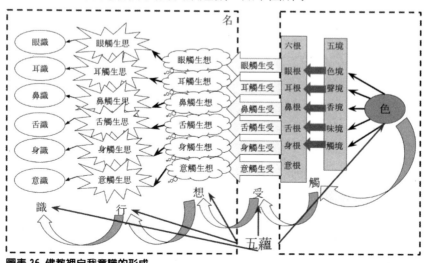

圖表 36 佛教裡自我意識的形成

既然沒有永恆不變的自我意識，何來輪迴？

一般人及民間信仰者往往誤解了佛教的輪迴觀，以為佛教主張「前世做壞事，今世有惡果」、「前世做好事，今世有善報」。然而，這只是華夏民間信仰以及印度教的想法，絕非原始佛教的信仰。

前世今生報應之說，假設了有一永恆不變的自我不斷轉生，不斷承受前世的自我的業報。例如一人今世生為奴隸，是因為前世做了壞事。今世大奸大惡的壞人甚至會在來世投胎成豬。

然而，佛教的業報，並不是什麼前世今生，只是單純過去有某一個「我」S1，做了某些事，而令現在的「我」S2承受其結果。而現在的「我」S2所做之事，又會令將來另一個「我」S3承受結果。但S1、S2及S3三者都是截然不同的自我，如下圖所示。

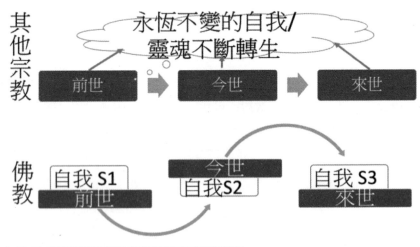

圖表 37 佛教的輪迴與其他宗教的輪迴存在明顯差異

香港電影《大隻佬》正好解釋了佛教的業報觀。在電影裡，大隻佬擁有看見每一個人因果的超能力，卻因無法接受因果，而放棄做和尚，來到香港，遇上女警李鳳儀，並多次拯救李鳳儀；但大隻佬每次救李鳳儀，也看見一個日本兵殺了很多人。因此大隻佬便知道李鳳儀必死，並告訴李鳳

儀此事。李鳳儀問：「是不是因爲我前世是個日本兵，殺了好多人，所以今世就要死？」大隻佬回答：「不是前世今生，李鳳儀不是日本兵，日本兵不是李鳳儀，只是因爲日本兵殺了人，李鳳儀就要死。」

佛教此業報觀念，固然是可怕，因爲他不是說人因前世所犯的罪而要承擔道德責任及接受報應，而是否定報應的存在，只是說明人會無奈地承受自己或他人種種行爲帶來不可思議的果報。這就是「業力不可思議」。

面對此恐怖的業報，佛教主張以八正道脫離輪迴，以涅槃寂滅、離苦得樂。

佛教「無」的形而上學與基督宗教及古希臘哲學的「有」的形而上學存在鮮明對比，故此日本哲學家西田幾多郎以「無」與「有」區分日本與西方文化。然而，佛教把業報去除「報應」的解說，某程度上淡化了道德責任的問題。人有福報與人的善行無關，人有災禍亦跟人的惡行無關。幸福與災禍的發生沒有理由可言，是因緣際遇所致。這一點佛教跟西方的無神論存在主義一致。但基督宗教無法接受此觀點：即使基督宗教（如存在主義神學）承認並非所有幸福與災禍都能夠解釋其理由，並非所有幸福與災禍都是個人善行或惡行的報應，但最少基督宗教承認部分幸福與災禍是上帝對義人與惡人作出賞罰審判的直接結果。佛教無基督宗教的上帝審判，因緣完全是客觀發生，不帶善惡審判。或許正因爲佛教的輪迴觀念太難理解，民間信仰才將此扭曲成「善有善報、惡有惡報」。

思考

1. 請用十二因緣的「名色」到「有」解釋以下事件的發生：

　A. 某政府倒臺了。

　B. 樓下有一間新餐廳開張了。

　C. 這套漫畫連載的劇情愈來愈爛！

　D. 傑靈女皇登基稱帝。

E. 相澤紫瑛被貶下凡成爲守護天使。

F. 夜斗有了一座神社。

延伸閱讀

Honko, Lauri, "The Problem of Defining Myth". In Dundes, Alan (ed.). *Sacred Narrative: Readings in the Theory of Myth.* (University of California Press, 1984), 41-52.

Nishitani, Keiji, "The nation and Religion", *Sourcebook for Modern Japanese Philosophy: Selected Documents*, Edited and Translated by David A. Dilworth, Valdo H. Viglielmo and Agustin Jacinto Zavala, (Westport and London: Greenwood Press, 1998), 392-402.

亞里士多德著，吳壽彭譯，《形而上學：研究所有哲學的基本問題之學問》臺北：五南出版，2018。

是澤範三、山口眞輝，洪淑芬譯，《國立臺灣大學圖書館典藏日本書紀影印》，臺北：國立臺灣大學出版中心，2012。

柏拉圖著，葉海煙譯，《理想國》臺北：五南出版，2022。

荷馬，羅念生、王煥生譯，《荷馬•伊利亞特（共 4 冊）：最新修訂典藏版古希臘語 - 漢語對照本》，上海：上海人民出版社，2017。

通妙譯，《相應部》臺北：中華電子佛典協會，2021。

羅蘭‧巴特，江灝譯，《神話學》，臺北：麥田，2019。

第六章　你知不知道啊！知識論

分析、綜合、先驗與後驗

討論
你現今所擁有的一切知識從何而來？

知識有哪些種類？
一般來說，知識可以分成三大類：

1. 命題知識（propositional knowledge）：「知道那個」（knowing）是真的，例如我知道「地球是圓的」為真。認知對象是事實（fact）。

2. 程序知識（procedural knowledge）：「知道如何」進行某行為，例如我知道如何畫漫畫。認知對象是技巧（skill）。

3. 親知知識（acquaintance knowledge）：對事物熟識，例如我很了解譚博士的為人。認知對象是對象（object）。

哲學的分科知識論關心「何為知識」，而知識論所研究的知識，通常是指命題知識。

命題是邏輯學的概念，最簡單的說法是：命題就是擁有真值，可以區分真假的公式，由主詞（Subject）及謂詞（Predicate）所組成，例如：

香港沒有行政長官的直接選舉。

上述命題裡，「香港」是主詞，「行政長官的直接選舉」是謂詞。

邏輯上，這命題只有兩個情況：真或假，因此我們可以用真值表如此表示：

香港沒有行政長官的直接選舉
T
F

圖表 38 真值表

問題是：我們如何判斷一個命題的真假值呢？康德（Immanuel Kant，1724-1804）提出先驗、後驗、分析與綜合的區分建構知識的方法：

一、先驗（a priori）：先於經驗而獲得的知識，例如：「譚博士是譚博士」為真，這無須經驗得知。

二、後驗（a posteriori）：透過經驗而獲得的知識，例如：「譚博士好英俊」，這需要透過經驗觀察才能得悉。

三、分析（analytic）：主詞概念本身已包含的意思，例如：「譚博士有博士學位」，「博士」已內含「擁有博士學位」的意思。

四、綜合（synthetic）：主詞概念本身不包含，要兩個或以上概念才得出的意思，例如：「譚博士是本書的作者」，此資訊無法從「譚博士」直接推論得出他是本書的作者，需要額外資訊。

根據上述四大標準，康德把知識作出以下分類：

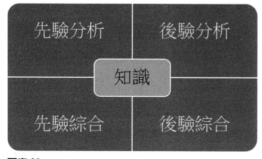

圖表 39

一、先驗分析：先於經驗，藉著分析主詞概念而得出的知識，如邏輯學的套套邏輯 A ＝ A。

二、先驗綜合：先於經驗，藉著綜合多個概念而得出，如幾何學及倫理學都是綜合多個先於經驗的概念以建構。

三、後驗分析：後於經驗，藉著分析主詞概念而得出的知識。康德以為這種知識並不存在。

四、後驗綜合：後於經驗，藉著綜合多個概念而得出。大部分經驗科學，包括自然科學及社會科學，皆屬此例。

然而，數學家弗雷格（Gottlob Frege，1848-1925）反對康德，證明後驗分析知識存在。弗雷格指出，概念上，晨星和昏星實同為金星（分析），只是出現於不同的時分，由經驗觀察所得（後驗），這便說明最少在天文學裡我們對「晨星和昏星是金星在晨、昏的出現」的知識是後驗分析。

其中，到底知識的根本基礎是先驗的還是後驗的，在近代西方哲學尤其重要，直接導致理性主義與經驗主義之爭。接下來的章節將詳述這兩大主義。

人如何建構知識？

一般來說，我們可以使用演繹法和歸納法進行推理，從而取得知識。

演繹法是指可以從前提（已知的事實）必然地推論得出結論的論證：即若前提為真，則結論必然為真。例如：

所有人都會死。

蘇格拉底是人。

所以蘇格拉底會死。

　　不過，要留意的是，正如冰箱只是保鮮，而不能令已腐壞的食物變新鮮，演繹法也只是保證推論正確，而不能使假的前提變爲眞的前提，因此演繹推理會得出推論形式正確，內容卻荒謬絕倫的情況，例如：

　　所有人都會飛。
　　蘇格拉底是人。
　　所以蘇格拉底會飛。

　　顯然上述推論形式正確，但內容不正確：「所有人都會飛」是假的，「蘇格拉底會飛」也是假的。
　　歸納法則是由多個個別的前提可能推論得出結論的論證：如果前提爲眞，則結論可能爲眞。這就是說，歸納法無法保證結論必然正確。例如：

　　第一年政府對每位市民派發一萬元。
　　第二年政府對每位市民派發一萬元。
　　……
　　第 n 年政府對每位市民派發一萬元。（n 爲正整數）
　　政府每年都對每位市民派發一萬元。

　　可是，在大部分情況下，人也無法窮盡所有個別案例，保證歸納的結論爲眞。例如過去十年政府也派錢，也不代表明年政府一定會派錢。所以，歸納法只能得出「可能性」的結論。

那麼，何爲知識？

　　柏拉圖在《泰阿泰德篇》（Theaetetus）認爲，「某人 S 知道 P」當且僅當：

1. 真確（True）：命題 P 為真；

2. 信念（Belief）：某人 S 相信命題 P 為真；

3. 確證（Justification）：某人 S 有理由相信 P 為真。

在希臘文裡，知識為 episteme，與意見 doxa 對立；意見正是無確證、不一定真確，只是人云亦云的信念。此理論稱之為 JTB 理論，由古希臘到近代西方哲學一直為哲學家所接受，直到二十世紀才被美國哲學家愛德蒙德・葛梯爾（Edmund Gettier，1927-2021）挑戰。1963 年，葛梯爾一篇只有 3 頁的短論文〈得到證成的真信念就是知識嗎？〉（Is Justified True Belief Knowledge?）以兩個反例指出 JTB 理論的問題：

反例一：史密夫和鐘斯兩人競爭同一職位。由於鐘斯學歷高、經驗豐富，因此史密夫相信鐘斯會取得職位。而且史密夫得知鐘斯中了彩券。因此，他得出「得到此職位的人中了彩券」的知識。然而，最後，史密夫竟然獲聘，而且他還不知道自己買的彩券真的中獎了。根據 JTB 理論：

1. 命題「得到此職位的人中了彩券」為真。

2. 史密夫相信「得到此職位的人中了彩券」為真。

3. 史密夫有理由相信「得到此職位的人中了彩券」為真。

三大條件完全符合，但我們難以說史密夫真的擁有「得到此職位的人中了彩券」的知識，因為結果似乎只是巧合。

問題出在哪裡呢？設史密夫為 S，命題 P 為「鐘斯會取得職位」，命題 Q 為「史密夫得知鐘斯中了彩券」，命題 R 為「得到此職位的人中了彩券」，則可以修正為：

1.R為真。

2.S相信R為真。

3.S有理由相信R為真：因為S相信P為真及Q為真，而P&Q → R，所以S相信R為真。

問題出在「確證」部分：S相信「P&Q → R」，但P和Q實為假，然而「P&Q → R」為真，而且R仍為真，因為根據推論符號「→」的實值表：

(P	&	Q)	→	R
T	T	T	T	T
T	T	T	F	F
T	F	F	T	T
T	F	F	F	F
F	F	T	T	T
F	F	T	F	F
F	F	F	T	T
F	F	F	F	F

根據推論符號「→」的規則，只有結論R為假，「→」才為假。所以P和Q是真是假並不重要。

另一個反例是：鐘斯告訴史密夫他有一輛福特車，史密夫因而相信此事，並得出此知識：「要嘛鐘斯有一輛福特車，要嘛布朗在巴塞隆納」（邏輯學上，任何真命題P加入「要嘛命題Q」，「要嘛命題P，要嘛命題Q」仍為真），雖然鐘斯根本不知道布朗在哪裡。後來，史密夫才發現，原來鐘斯只是租車而非擁有福特車，但布朗確實在巴塞隆納。

1.命題「要嘛鐘斯有一輛福特車，要嘛布朗在巴塞隆納」為真。

2.史密夫相信「要嘛鐘斯有一輛福特車，要嘛布朗在巴塞隆納」

爲眞。

　3. 史密夫有理由相信「要嘛鐘斯有一輛福特車，要嘛布朗在巴塞隆納」爲眞。

　但我們難以說史密夫眞的擁有「要嘛鐘斯有一輛福特車，要嘛布朗在巴塞隆納」的知識，因爲也似乎只是巧合。

　如果我們再作邏輯分析，又可以發現，問題出在確證部分：設史密夫爲 S，命題 T「鐘斯有一輛福特車」，命題 U「布朗在巴塞隆納」，則可以修正爲：

　1. T v U 爲眞。
　2. S 相信 T v U 爲眞。
　3. S 有理由相信 T v U 爲眞：因爲 S 相信 T 爲眞，所以 T v U 爲眞。

　問題出在「確證」部分：S 相信 T 爲眞而相信 T v U 爲眞。然而，事實上，T 爲假，反而是 U 爲眞。不過根據或／要嘛符號「v」的規則，只要其中一命題爲眞，「v」即爲眞，如下表所示：

T	v	U
T	T	T
T	T	F
F	T	T
F	F	F

因此，T 是否爲眞假並不重要，只要 U 仍爲眞，「T v U」即爲眞。

上述兩個例子皆針對同一情況：S 的推論出了問題。S 根據錯誤的前提而「有理由相信命題 P 爲眞」，但前提的錯誤卻不影響命題 P 爲眞。

對於反例二，我們或者可以直接排除，因爲事實上我們甚少以「或」

或「要嘛」去進行知識的推論。一般情況下我們也不會因為相信「攝氏100度水沸」而相信「要嘛攝氏100度水沸，要嘛林太太是男人」。但反例一卻對演繹法做成挑戰：基於假前提而得出真結論，是否代表我們仍擁有對於該結論的知識呢？似乎不是。

例如，西元前五世紀，單居離問曾子天圓地方一說，曾子反對說：「天之所生上首，地之所生下首，上首謂之圓，下首謂之方，如誠天圓而地方，則是四角之不揜也！」曾子反對地平說，因為「如果地平的話，地豈不是會露出四角嗎」？因而似乎主張地圓說。但曾子說地圓，並不是根據物理學、數學計算，或是天文學和地理學的實證考察，故我們難以說曾子「知道」地球是圓的。

對於解決葛梯爾問題，當代分析哲學有相當多討論，但接下來我們將回到近代，考察啟蒙運動的理性主義與經驗主義如何看待人類認知方法的問題。

理性主義

討論

你如何確認你不是在發夢？

在《莊子》裡，莊子曾有「莊周夢蝶」的故事：莊子夢見自己化身蝴蝶，醒來後疑惑到底是他夢見蝴蝶，還是蝴蝶夢見他。但莊子對於知識論漠不關心，沒有再去論證到底是自己夢見蝴蝶還是蝴蝶夢見他，轉移跳去「萬物同一」的結論。

同樣面對「我是不是在發夢」這一問題，西方哲學家笛卡兒（René Descartes，1596-1650）卻作出深入的哲學反思。或許每天醒來的時候，你也會問這些問題：剛才的只是夢嗎？還是現在我還在發夢？我真的睡醒了嗎？你可能試過經歷一些感覺非常真實的夢境；或者有時候以為自己睡醒下床了，後來才驚覺自己只是睡在床上發夢。笛卡兒正是思考此問題。

笛卡兒是一個日上三竿才起床，喜歡在晚上進行研究的學者（這也是大學學者的寫照，尤其哲學系的教授們）。笛卡兒本身是一個數學家和物理學家，也是被稱為文科中學生之敵的解析幾何的奠基人——笛卡兒直角幾何坐標就是他發明的。但笛卡兒早年已經認為，數學與自然科學的基礎都是哲學，然而哲學卻欠缺科學的確定性。如果我們無法證明世界存在，則何來科學研究呢？故此，笛卡兒致力證明世界存在，終於在 1641 年出版《第一哲學沉思》。

笛卡兒在《第一哲學沉思》提出方法懷疑：假設否定某事物，然後推導出荒謬結論，從而肯定某事物。這其實來自數學和邏輯常用的歸謬法。他首先懷疑所有事物，懷疑感官的確定性：感官知覺會因為錯覺或發夢而被欺騙，所以感官知覺所建立的知識並不可信。然後他懷疑理性的知識：無論任何情況，三角形的內角和等於 180 度皆為真。這不就是證明數學真

理無容置疑嗎？笛卡兒卻反對，指出這可能是有一個「天才惡魔」（evil genius）在欺騙他，建設了一個錯誤的理性系統，使他以為三角形的內角和等於 180 度。如此一來，笛卡兒就懷疑了所有的認知：如果人正在發夢或受欺騙，則其認知不可信。

於是笛卡兒把懷疑的對象轉移至自身。他發現他能否定外界事物的存在，卻無法否定自己的存在。因為當他要進行否定或懷疑，就必須假設一個否定或懷疑的思考主體，這個就是「我」，因此得出其著名主張：我思故我在（法語：Je pense, donc Je suis；拉丁語：congito ergo sum）。

於是，他終於找到知識的不可懷疑的基礎（亞基米德點）：這就是「我」。笛卡兒的發現對西方哲學有關鍵的影響：在他以前，西方哲學著眼於客觀的世界或上帝，但由他開始，西方哲學轉為探討主觀的自我。這稱之為西方哲學史的主體性轉向。

但自我存在如何保證客觀世界存在呢？笛卡兒先將概念分成三種：自我與生俱來（先驗）、外來的（外在世界觀察，相當於後驗）及自我做成的（自我想像）。因為後驗及想像的概念皆不可靠，所以他要證明先驗概念可靠；要證明先驗可靠，就要證明先驗概念是由一全善的上帝所創造，而非由一天才惡魔所造。於是他論證上帝存在。

圖表 40 笛卡兒證明自我存在後仍不能證明客觀世界存在，故要再證明上帝存在以保證客觀世界存在

　　笛卡兒提出三個證明上帝存在的方式，本書只提及其中比較簡單的兩個。其中一個是中世紀神學家安瑟倫的本體論論證：

　　1.上帝是完美的存在。

　　2.凡完美的存在必包括存在的性質。

　　3.所以上帝存在。

但此證明後來遭到康德質疑，因為康德指出，存在不是「性質」。

另外一個為宇宙論論證：

　　1.我存在。

　　2.我存在必有原因。

　　3.可能的原因有：

　　　A.我自己。

　　　B.我一直存在。

　　　C.我的父母。

　　　D.某個不似上帝般完美的事物。

　　　E.上帝。

　　4.若我使自己存在，則我自己已是完美的存在，然而我不是，故非 A。

　　5.若我一直存在，但我過去存在不保證我現在繼續存在，因此非 B。

　　6.若我的父母使我存在，則我的父母由我的父母的父母保證存在，而我的父母的父母由我的父母的父母的父母保證存在……無窮後退，始終無法找到原因，所以非 C。

　　7.不完美的事物無法保證較完美的事物（自我）存在，所以非 D。

　　8.只有上帝才能保證我存在，因此上帝存在。

　　透過證明上帝存在，笛卡兒就證明了客觀世界存在，因此終於為科學找到了哲學的基礎。

　　可是笛卡兒上述論證存在不少問題。「我存在必有原因」這種「事出必有因」的前設，正是佛教所反對。佛教否定簡單的線性因果，認為事情發生背後涉及大量因緣際遇，業力不可思議。故佛教亦反對「無窮後退不可能」，甚至某程度上主張因果就是無限、無窮後退而不可測。

　　在笛卡兒的方法懷疑過程中，他發現了理性比經驗可靠。這一點成為理性主義的重要綱領。他將其哲學及科學方法發表在 1637 年以法語寫成的《方法論》（*Discours de la Méthode*），其研究方法一直成為西方科學研究方法的主流：

1. 懷疑一切：永不接受未經自我檢視的結論。
2. 將複雜問題盡量分解成較多簡單的小問題，逐一解決。
3. 將這些小問題按難度排序，先易後難的解決。
4. 將所有問題解決後，綜合起來，看看是否完整，是否所有問題已被徹底解決。

　　笛卡兒以後，還有兩名重要的理性主義哲學家萊布尼茲（Gottfried Wilhelm von Leibniz，1646-1716）及史賓諾莎（Baruch de Spinoza，1632-1677）。因其哲學較複雜，本節暫且不談史賓諾莎。

　　萊布尼茲跟笛卡兒，也是著名的數學家；他發明了另一個被稱之為高中生數學之敵的東西，即微積分，儘管當時牛頓一直爭論他才是微積分的發明者。萊布尼茲是通才，本身是律師及法學專家，同時又是數學家、物理學和哲學家。

　　萊布尼茲於 1710 年的《神義論》（*Essais de Théodicée sur la bonté de*

Dieu, la liberté de l'homme et l'origine du mal）及 1714 年的《單子論》（*La Monadologie*）提出其重要的哲學思想。他提出單子（monade）的概念，認爲單子是最根本、不可分割的元素。單子是可數的，但其數量卻無限多，占據了所有感知時空。每個單子在宏觀的世界裡有生滅，但因其不可分割的本性，因此單子內部本身不變。既然不變，單子在其內部的世界就無法被創造和消滅，每個單子自身的是圓滿的。

很難懂嗎？其實萊布尼茲所說的單子論，就是現在漫威電影常說的「多重宇宙」的原型！每個單子就是每個不同的宇宙，而每個單子卻本身是圓滿。但跟漫威電影的多元宇宙之間可以來回穿梭不同，萊布尼茲卻認爲單子是封閉的，不能相通。所以，單子是自足的，已包括自己的全部可能性，不會跟其他單子有相互作用。儘管單子只是世界之中其一部分，卻因其包括自己的全部可能性，而以某種角度包括了「全世界」。這就是單子概念複雜之處：它既是個體，也是整體，既是特殊，也是普遍。

如果我們把單子比喻爲人就較易理解。每人觀察同一棵樹，也是站在不同的角度觀看；但大家如何得知自己觀察的對象都是同一棵樹呢？爲了維持對象的統一性，萊布尼茲提出：創造單子和世界的上帝保證各單子所觀察的世界都是同一個世界。

萊布尼茲進一步提出「可能世界」（possible world）的概念。他認爲，人類現時所身處的世界，是上帝在思考眾多可能世界之中最好的一個（best of all possible worlds）。

理性主義著重先驗概念和理性演繹，質疑經驗觀察；但今日科學研究大都依賴經驗觀察，例如物理、化學實驗。那我們如何肯定經驗的可靠性，以建構經驗知識呢？接下來我們將討論經驗主義詳述。

經驗主義

討論

你覺得感官知覺（視覺、聽覺、味覺、嗅覺、觸覺）可信嗎？為什麼？

故然，數學和邏輯知識都是先驗的，但其餘大部分知識卻都是後驗的，從經驗觀察得出，理科例如物理、化學、生物學都要做實驗，人文社會科學如人類學和地理學要做田野考察，歷史學研究文獻等等，全部都是建基於經驗觀察。如果我們無法肯定經驗觀察，實在很難為知識建立肯定的基礎。

因此，與理性主義相反，經驗主義主張知識主要來自經驗觀察（後驗）。極端的經驗主義者甚至否定先驗知識的存在，認為所有知識都是後驗的。

洛克（John Locke，1632-1704）就是其中一個持有如此極端主張的哲學家。他在 1689 年發表《人類理解論》（*An Essay Concerning Human Understanding*），否定理性主義者所相信的「先驗」概念，認為甚至連數學和邏輯學都是來自經驗觀察事物而得出（例如數算具體事物的數量等）。

洛克首先將事物區分為物質（substance）和性質（qualities）。物質是性質的載體。而性質則分成第一性質（Primary Qualities）及第二性質（Secondary Qualities）兩種。第一性質是指不會隨著觀察者而改變的性質，包括固態、空間延展（大小）、運動、數量及外型等。但第二性質則會隨著觀察者的感官知覺（視覺、聽覺、味覺、嗅覺、觸覺）而改變。例如色盲的人看見的顏色就跟常人不一樣，觀察者也會因為當時的光線明暗而對同一事物的顏色有不同的觀察。洛克認為第二性質依附於人類對其知覺（perception）的反省（reflection）而存在，是主觀的，不似第一性質那

麼客觀。

　　對於洛克來說，所有反省都是心靈運用知覺處理感官經驗的活動。沒有感官經驗就沒有反省。洛克進而提出著名的白板說（拉丁語：tabula rasa）：人剛生於世上，未有任何感官經驗之前，其心靈內一片空白。因此，我們可以推斷：對於洛克來說，一個與生俱來沒有任何感官知覺的人不可能思考。

　　同樣爲經驗主義者的哲學家、愛爾蘭聖公會科克教區主教柏克萊（George Berkeley，1685-1753）在 1709 年的《視覺論》（*An Essay Towards a New Theory of Vision*）；裡提出比洛克更極端的主張：洛克認爲只有第二性質才依附人的心靈而存在，而第一性質則獨立於人的心靈而存在，但柏克萊卻主張第一性質也是依附人的心靈而存在。

　　柏克萊認爲，我們所謂的物理世界，其實只是我們感官知覺經驗的總和，這些知覺資料（sense data）被我們心靈而整合成一個世界。人只能認識自己所感知的物理世界，卻無法知道未被感知之前的物理世界本身如何，甚至連物理世界本身是否存在也不知道。因此，所有事物都是被感知才存在；這就是柏克萊著名的理論：「存在即被感知」（To be is to be perceived）。

　　柏克萊的說法，聽起來似乎難以接受。我們或許可以用以下例子去理解柏克萊的說法：假如一棵樹在森林裡倒下而沒有人在附近聽見，它有沒有發出聲音？答案顯然是「不知道」。若嫌柏克萊斷言無人感知之事物不存在太極端，則可修正爲：人類對無人感知之事物是否存在一無所知。這就是說，你現在看到這本書，手上摸著這本書，也只是接收了關於「書」的視覺和觸覺的知覺資料，然後綜合成「書」的概念，你卻無法肯定這些知覺資料背後是否眞是來自一本「書」的實體。這就是後來康德所討論的物自身（thing in itself）問題：人類永遠只能透過知覺認識物體的現象，卻對現象背後、不能被知覺認識的物體本身一無所知。於是我們就再次陷

入懷疑論的危機了：外在的客觀世界眞的存在嗎？

　　但柏克萊不是懷疑主義者。他是個聖公會主教，是個基督徒，所以來到這裡，他又把哲學拉回神學。他認爲，就算事物無人觀察，事物本身依然存在，因爲有創造事物的上帝永遠觀察每一個受造物，以保證它們繼續存在於上帝的心靈裡。

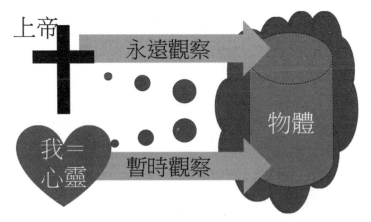

圖表 41　柏克萊否定客觀世界存在，認為物體透過知覺依附於心靈存在；唯有上帝永遠觀察物體，因而保證物體永存

　　這種神學結論對於哲學家來說，當然難以接受。因此，身爲經驗主義者，卻同時是個無神論者的蘇格蘭哲學家休謨（David Hume，1711-1776）即提出挑戰；但他懷疑的，不是客觀世界是否存在，而是懷疑我們加諸在感官經驗之上的概念。

　　1734 年，休謨寫下了《人性論》（*A Treatise of Human Nature*）一書，後來又於 1748 年出版《人類理解論》（*An Enquiry Concerning Human Understanding*）一書，解釋其因果懷疑論，質疑因果的存在。

　　休謨首先考察觀念的來源；他認爲，觀念分別來自兩種能力（faculties）：記憶力（memory）——將先前的經驗感官印象複製，以及，想像力（imagination）——將既有觀念分拆及組合成新觀念。而觀念的生成又根據三個關聯原則（principles of associations），分別是：相似

（resemblance）、持續（contiguity）和因果（cause and effect）。

想像力又可細分成胡思亂想的幻想力（faculty of fancy）以及經過論證的理解力（faculty of understanding）。理解力所生成的概觀念分成兩種：觀念的連結（Relation of Ideas）——由純粹思考推斷得出而無須經驗，如邏輯及數學知識（即先驗知識），與實際的真相（Matters of Fact）——由經驗所得出關於事物的知識（即後驗知識）。

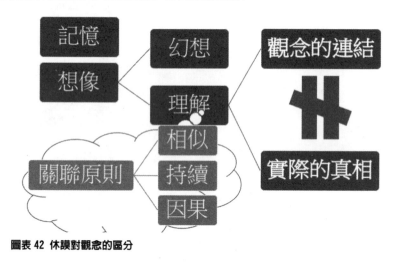

圖表 42 休謨對觀念的區分

對於休謨來說，觀念的連結與實際的真相存在嚴格區分：前者的真假判斷獨立於經驗觀察，後者的實假判斷則依賴觀察，兩者不能混淆，不可重疊；被理解的對象不可能既是觀念的連結，又是實際的真相。問題來了：因果關係，到底是觀念的連結，還是實際的真相呢？

要回答此問題，則要先思考因果關係之意思。因果是指：事件 X 發生導致事件 Y 發生當且僅當事件 X 是 Y 的原因且事件 Y 是 X 是結果。以英式撞球（snooker）為例：假設桌球上的白球打中了紅球，則我們可以提出這因果關係：因為白球打中紅球，所以紅球移動。但這真是事實嗎？

休謨會認為，在上述例子中，我們只不過是先後看見這一連串事件先後發生：白球移動→白球碰撞紅球→紅球移動。這些事件都是實際的真相。

問題來了，我們能經驗觀察得到所謂的因果關係或「→」嗎？不能。我們說「因為白球打中紅球，所以紅球移動」，只不過是將「白球打中紅球」的觀念與「紅球移動」的觀念關連起來，成為觀念的連結。然而，休謨認為這是錯誤判斷：因為觀念的連結與實際的真相不得重疊。既然「白球移動→白球碰撞紅球→紅球移動」全部都只是實際的真相，我們就無法以觀念的連結去強行把它們扯上因果關係。我們根本看不見「白球打中紅球導致紅球移動」，我們只是看見一連串分開而不相關的經驗：某白球首先動了，然後某白球碰撞某紅球，然後某紅球移動。因果關係根本不存在。

或許我們可以辯稱，我們能以歸納法證明因果關係存在。假設我們在某時間 T1 觀察事件 E1 →白球移動」、F1 →白球碰撞紅球」及 G1 →紅球移動」，發現 E1 發生後，F1 便發生，而且 F1 發生後，G1 也發生；在 T2，T3 等時間亦得出相同觀察，如下表所示：

在時間 T1，E1 → F1 → G1。

在時間 T2，E2 → F2 → G2。

在時間 T3，E3 → F3 → G3。

……

因此，在時間 Tn（n 為正整數），En → Fn → Gn。

當我們觀察無數次，發現每次白球移動後，白球碰撞紅球，而每次白球碰撞紅球後，紅球移動，於是我們便歸納說：「因為白球打中紅球，所以紅球移動」。

但休謨否定歸納法的可靠性。正如在之前的章節所言，歸納法只保證結論可能為真，而不必為真。我們根本無法窮盡一切可能性。過去經驗一直發生的事情，不代表現在也會如此發生，根本無法保證將來也會如此發生。這就是所謂的「黑天鵝理論」：世上存在極不可能發生卻又真實發生

的事件。十八世紀前，歐洲人未發現澳洲，便根據經驗歸納，認為所有天鵝都是白色的；直到發現澳洲後，才驚覺黑天鵝存在。

　　另一個反映因果歸納失效的例子就是英國分析哲學家羅素提出的羅素火雞（Russell's Turkey）思想實驗：農場裡的火雞經過長期觀察發現，每天早上九點，無論天氣如何，主人也是會準時餵食。然而，有天早上九點，火雞如常在九點探頭出來吃糧，卻被主人抓去宰殺了，成為感恩節晚餐。過去如此，不代表現在如此或將來亦如此。

　　理性主義和經驗主義知識論本來致力要為自然科學建立知識基礎，但休謨反其道而行，否定歸納法和因果關係，令自然科學甚至絕大部分學科陷入極大的知識論危機。除了物理、化學、生物等自然科學建基於因果關係的解釋以外，人文社會科學亦是如此，例如歷史正是要解釋歷史事件的因果關係。為了解決休謨懷疑論的衝擊，康德便提出其獨特的知識論系統，並嘗試解決理性主義與經驗主義百年來的爭議；關於這一部分，將在下一章詳述。

延伸閱讀

休謨著、黃懷萱譯，《人類理智研究》臺北：五南出版，2020。

柏克萊著、關文運譯，《人類知識原理》北京：商務印書館，2010。

洛克著、關文運譯，《人類理解論》臺北：五南出版，2020。

笛卡兒著、周春塘譯，《沉思錄》臺北：五南出版，2020。

笛卡兒著、彭基相譯，《談談方法》臺北：五南出版，2020。

萊布尼茲著、陳修齋譯，《人類理智新論》（上、下冊）臺北：五南出版，2020。

第七章　在嗎？近代哲學篇

身心二元論、唯心論與唯物論

討論

外在世界存在嗎？爲什麼？

由古希臘開始，西方哲學家已經追問何爲宇宙最基本的元素。他們皆假設宇宙由某單一元素構成，如地、水、火、風等等。這種主張，可以稱之爲一元論（Monism）。

然而，一元論的假設在柏拉圖時代已經受到挑戰。柏拉圖將世界一分爲二爲共相世界與可見世界，言則兩個世界成分各異，不可能由相同元素所組成。視世界由兩個互相獨立構成的元素組成的學說，稱之爲二元論（Dualism）。

在近代西方哲學裡，笛卡兒被視爲心物二元論的代表人物。正如上一章所言，在《第一哲學沉思》裡，笛卡兒提出「我思故我在」一說，認爲思考的自我，即心靈的存在無容置疑。那麼身體的存在呢？在第二章裡，他如此論證：

1. 因爲心靈是思考中的自我，所以我無法懷疑我的心靈存在。
2. 因爲身體不是思考中的自我，所以我可以懷疑我的身體存在。
3. 故此，我的心靈與我的身體不是同一東西。

當然，從生物學角度來說，我們立即可以質疑命題 2：大腦不就是身體的一部分，而且是思考活動進行的場所嗎？怎能說身體是不思考的東西呢？因此，物理主義（physicism）者會否定獨立於身體的心靈存在，認爲只有身體，而思考活動也完全受制於生理與心理機制，沒有自由意志。

但笛卡兒的切入點是由身體和心靈的本質定義入手，而不是由醫學或

生物學角度切入。受亞里士多德影響，笛卡兒亦接受實體作爲獨立自存的事物（例如上帝），而實體之間的區別在乎其本質。由於心靈的本質是思考主體（而思考不占空間），而身體的本質卻是空間延伸（即占有空間），因此心靈與身體本質不同，心靈與身體實爲兩個獨立的實體。因此心物二元論亦被稱爲實體二元論。

問題在於：如果心靈和身體互相獨立，那麼兩者如何互動？因此笛卡兒馬上面對心身互動的問題，後來亦成爲當代分析哲學的難題之一。若然哲學家選擇放棄二元論以避免無法解釋心身互動，回到一元論，只承認一個實體，那就得作出選擇：到底精神還是物質才是唯一實體。

唯心論（Idealism）認爲，只有心靈才是唯一的實體。上一章我們學過柏克萊的「存在即被感知」一說；柏克萊否定客觀世界獨立自存，認爲存有是依附於人類及上帝的心靈。反之，唯物論（Materialism）主張只有物質才是唯一的實體。馬克思主義（Marxism）正是其中的代表，認定一切皆由社會經濟條件決定。

東亞哲學有唯心和唯物論嗎？

由於政治意識形態問題，部分國家非常喜歡套用唯心論、唯物論和二元論簡單區分中國哲學甚至整個東亞哲學。故然，東亞哲學亦有觸及唯心及唯物的立場，然而我們在區分時應小心留意東亞哲學所關注的內容跟西方哲學的區別。

例如，由於周易主張陰陽（「一陰一陽謂之道」），道家的老子主張無與有生成萬物，所以人們或會斷言周易及道家主張二元論。然而，西方所說的二元論，是指兩個獨立自存、性質相反的實體對立地同時存在，但周易的陰陽或道家的有無卻不是二元對立，而是互相轉化與共存，所以根本不是西方所說的二元論。

又例如，由於佛教否定實體存在，認爲一切事物只是感知（六入）所

產生的意識（識），故很容易被視之爲唯心論。這學說被唯識宗發揚光大。但視佛教爲唯心論實爲誤判。因爲唯心論主張一切皆依附心靈而存在，然而主張「無我」的佛教連心靈也否定之，視之爲緣起緣滅的偶然存有。既無心靈，何來唯心？「唯識」既非唯物，亦非唯心，更非二元，根本無法用西方哲學的框架簡單分類。

故然，東西比較哲學是當代東亞哲學研究的大勢所趨，可是無論你是哲學業餘愛好者，還是被迫讀中學倫理科或是大學哲學通識科的本科生，或是被迫讀哲學概論的神學生或修生，還是主修或副修哲學的本科生或研究生，甚至已是講師、教授或研究員等，在借用西方的概念去解釋東方的概念，或是引用東方的概念解釋西方的概念時，也要小心謹慎，留意雙方的處境差異以及哲學關懷的差異，不要隨便把一些黨八股套用在對方的理論上，就以爲自己成功比較了兩套不同的哲學。

懷疑主義

討論

你肯定外在世界存在嗎？爲什麼？

之前我們學習過莊周夢蝶及笛卡兒懷疑論，質疑我們是否身處夢境之中，也就是質疑客觀世界是否眞實存在，還是只是南柯一夢，甚至是幻影，是騙局。然而，莊子對此知識論問題漠不關心，沒有深究；笛卡兒則透過證明善良的上帝存在，證明上帝不是個欺騙人類的「天才惡魔」，而證明了客觀世界存在。在經驗主義，柏克萊亦是利用上帝的心靈保證客觀世界持續存在。但如果上帝不存在呢？

在當代分析哲學，有桶中之腦（brain in a vat）的思想實驗，去質疑外在世界的存在。假設有個邪惡的科學家、AI機械人、外星人或其他人，把一個人的大腦放入營養液維持其生命，並用超級電腦通過神經末梢向大腦傳達各樣神經訊息，令大腦擁有相同的感知經驗。在這情況下，大腦能夠知道自己所感知的「眞實世界」其實只是模擬實境？

經典電影《駭客任務》正是以桶中之腦爲題創作的電影。在電影中，男主角上班時是個網路工程師，下班後卻是個代號爲里奧（Leo）的駭客。里奧對世界產生懷疑，在女主角，另一駭客珍妮蒂（Trinity）的引導下，找到駭客摩菲士（Morpheus），摩菲士便告訴他眞相：里奧所生活的世界只是電腦母體（Matrix）建構出來的虛擬世界。人工智能電腦控制世界後，把人類當成生物電池，囚禁在營養液裡發電，並以連接器欺騙人類大腦，使視覺、聽覺、嗅覺、味覺、觸覺及思想感知彷如眞實一樣傳送至大腦。

摩菲士喚醒里奧，救出他離開營養液，就開始訓練他與電腦作戰，因爲他相信里奧就是人類的救世主，將帶領他們戰勝母體，然而存活下來的

人類卻對里奧半信半疑⋯⋯

　　《駭客任務》之所以成為一套經典的哲學電影，是由於電影內充滿大量基督宗教及佛教的符號，以及探索不少哲學問題，其中「桶中之腦」正是其主題之一。《駭客任務》認為要把人從「桶中之腦」中喚醒需要一些條件：首先，桶中之腦者要先意識到自己所身處的世界有不合理、不正常、不協調之處，然後有來自外在世界的人告訴他真相，最後桶中之腦者經過一輪生理及心理掙扎才醒覺。但如果珍妮蒂（Trinity）和摩菲士（Morpheus）從未出現，里奧會醒覺嗎？

　　不過，「桶中之腦者如何才能醒覺」並不是我們最關心的問題；我們最關心的問題是：如何證明我們所身處的世界是真實而非虛擬，如何證明我們不是桶中之腦。就此希拉蕊・普特南（Hilary Putnam，1926-2016）提出反駁，指出「桶中之腦」的懷疑論本為自我推翻（self-refuting）的語句，根本不能成立。

　　普特南先以圖畫為例子。假設我們在沙灘地上，看見一幅用沙砌成的沙畫，看起來很像邱吉爾，於是我們就會說：「這看起來很像邱吉爾。」我們很自然地推斷作畫者有意識地想表達「這是邱吉爾」的意義，說這沙丘上的圖像就是「邱吉爾」。

　　然而，如果這幅用沙砌成的人像畫並非由人所畫，而是由螞蟻在沙丘上行走偶然形成的圖像，剛巧看起好似邱吉爾，我們卻不會說螞蟻有意識地要畫出邱吉爾的圖像，因此我們不會說沙丘上的圖像就是「邱吉爾」，即使這圖像與邱吉爾非常相似。由此，普特南指出：

　　命題P：事物X和Y是否相似，與事物X是否表達事物Y無直接關係。

　　那麼，為何我們會認為人為繪畫的沙畫表示了「邱吉爾」，而螞蟻行跡構成的圖案卻無法表示「邱吉爾」呢？這是由於因果關係：因為沙畫藝

術家首先知道邱吉爾此人，所以希望透過畫作表達邱吉爾。這就是說，「邱吉爾」這個人是「邱吉爾」畫像存在的原因。因此我們可以推導出：

命題 Q：若事物 X 表達了事物 Y，則 X 與 Y 存在因果關係。

現在回到桶中之腦的問題。普特南指出，桶中之腦實驗聲稱「虛擬世界不是眞實世界」、「虛擬世界表示了眞實世界」而且「虛擬世界來自電腦虛擬訊息」，然而無論桶中之腦所感知的虛擬世界跟眞實世界如何相似，只要虛擬世界與外在世界不存在因果關係，「虛擬世界表示了眞實世界」即爲假。

例如，一個桶中之腦看見了一美女學生妹的圖像，但這美女學生妹的圖像只是來自電腦虛擬訊息，而非來自眞實的一個美女學生妹，所以我們無法說桶中之腦看到一個美女學生妹。

普特南的具體論證流程如下：

1. 我要嘛是桶中之腦，要嘛我不是桶中之腦。

2. 若我是桶中之腦，則我所感知的虛擬世界不是眞實世界。（桶中之腦的定義）

3. 若我是桶中之腦，則我所感知的虛擬世界表示了眞實世界。（桶中之腦的定義）

4. 若我是桶中之腦，則我所感知的虛擬世界來自電腦虛擬訊息。（桶中之腦的定義）

5. 電腦虛擬訊息不是眞實世界。

6. 我所感知的虛擬世界不是來自眞實世界。（由 4、5）

7. 若事物 X 表達了事物 Y，則 X 與 Y 存在因果關係。（命題 Q）

8. 若虛擬世界表示了眞實世界，則虛擬世界與眞實世界存在因果

關係。（由2、7）

9.6與8矛盾，故得證我不是桶中之腦。

上述論證是不是有點奇怪呢？關鍵問題出在第6及第7。首先，第6根據「電腦虛擬訊息不是真實世界」而推論出「我所感知的虛擬世界不是來自真實世界」本身就有問題。如果我們把因果關係擴張，說有一人工智能機械人或者科學家曾經看過真實的世界，然後設計了虛擬世界，再把訊息注入桶中之腦，如此一來虛擬世界最終仍是來自真實世界，兩者存在關係。事實上，現在流行的 VR 電影與電子遊戲正是如此設計：遊戲設計師先考察過真實世界，再構造一個表示真實世界的虛擬世界。然後供玩家使用。

可是，從哲學角度來看，普特南的理論還有一個更根本的問題，就是對因果關係深信不疑。先不論當代哲學到底是否已對因果關係達成一致理解，因果關係是否存在，從休謨以來已成為嚴重的科學與哲學危機。康德的補救方法是建構超驗意識（transcendental consciousness）一說，聲稱因果關係是人認識世界必須的先驗工具，因此我們無法脫離因果而認識世界。但這並不是說康德「證明」了因果關係真實存在，反而進一步指出理性和經驗的限制：我們根本無法脫離因果關係去認識世界。因果關係等思考工具，到底會否只是人工智能電腦或瘋狂科學家欺騙大腦的幻象，我們根本不得而知，因為我們沒有「超越」這些思考工具的能力。這就是為何笛卡兒最終還是要證明上帝存在，以保證「1+1=2」是正確的，而不是有一個天才惡魔欺騙他的結果。關於理性的限制，正是下一章節我們要討論的題目：康德認為，人的認知能力其實非常有限。

康德：本體與現象

如何證明事物客觀存在？

經過上述一連串哲學思考，我們發現，我們始終無法肯定外物甚至他人客觀存在：因為我們所有對外界的認知必須透過知覺而獲得，我們根本無法得知未被經驗的外物或他人本身是否獨立自存。因此笛卡兒和柏克萊雖然分別是天主教和聖公會人，分別是理性主義者和經驗主義者，哲學立場本是對立，卻仍殊途同歸，主張需要以上帝保證客觀世界存在。我們能否不訴諸上帝而保證外物存在呢？

康德《純粹理性批判》嘗試在不訴諸上帝的前提下對理性的界限作出批判。康德把事物區分成本體（Noumenon）與現象（Phenomenon）。本體是指不必用感官去認知的事物，而現象則是指必須用感官去認知的事物。但人是如何認識現象呢？這就必須解釋「超驗」（transcendental）一詞。

正如休謨對洛克的批評一樣，經驗內容本身根本不具有任何「觀念的連結」，因為這些連結先於經驗而存在。但這不代表我們無法把觀念的連結加於實際的真相之上；康德正相反，認為這些超越經驗的概念工具，正是使認知得以可能的基本條件；沒有「統覺」（apperception）的話，感官經驗只是割裂而零碎的片段。因此，康德認為，人需要一超驗意識或超驗統覺去統合感官經驗，才能得到知識。具體步驟如下：首先，一些連續的不同種類內容構成了經驗，然後這些連續內容被統一帶到意識面前（經驗統合），以被一統合的自我認知（如果自我本身是四分五裂，感官與理性分離而不統合的話，根本無可能作為單一主體進行認知活動）。而統合經驗的工具是超驗的，這些超驗的工具來自自我，稱之為「範疇」

（categories），主要有十二個，如下表所示：

量	單一	多數	全體
質	肯定	否定	限制
關係	實體與偶在	原因和結果	協同性（主客交互作用）
模態	可能性和不可能性	有與無	必然性和偶發性

表格 4 康德的十二範疇

例如，休謨所質疑的因果律，在康德來說，乃是十二範疇之一，是人類認知的概念工具，如無因果律則人無法認識外在世界。

然而，這樣一來，康德便將人類的認知對象限定為「現象」，令本體變得不可知。未被任何觀察者感知而自身真正存在、與現象對立的事物，稱之為物自身（德語：Ding-an-sich）。那是不是代表我們可以否定物自身以及其所屬的本體界存在呢？康德不同意，認為仍須假定物自身及本體界存在，才能解釋超驗統覺如何接受感官刺激，並統合為現象。

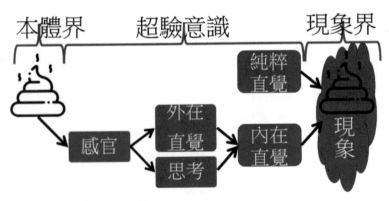

圖表 43 本體界與現象界的區分

康德把哲學甚至整個人類認知限制在現象界之內，令本體界和物自身變得不可知，受到德國觀念論及黑格爾批判。後世哲學家不斷嘗試尋找方

法突破界限，以認識物自身，不過由於理論複雜，而本書只是哲學的入門書，故暫不在此深入討論。

延伸閱讀

Putnam, Hilary, *Reason, Truth, and History*, Cambridge: Cambridge University Press, 1981.

牟宗三，《現象與物自身》，臺北：臺灣學生書局，2020。

康德著、鄧曉芒譯，《純粹理性批判：康德三大批判之一》，臺北：聯經出版，2020。

笛卡兒著，周春塘譯，《沉思錄》臺北：五南出版，2018。

笛卡兒著，彭基相譯《談談方法》臺北：五南出版，2020。

歷史作為哲學問題

討論

1. 何為歷史？
2. 你覺得你自由嗎？為什麼？

自由與歷史，兩者表面上看來好似是毫不相關的議題。然而，如果歷史是人類過去的事件和行動，而這些人為事件卻是由命運或科學法則決定，這就說明人沒有自由了；反之，如果人為事件不受命運或科學法則限制，這就說明人有自由。因此，要討論自由意志的問題之前，我們先得對歷史有基本認識，從歷史哲學出發思考人類自由的問題。

何為歷史哲學？

歷史哲學為研究「何為歷史」的哲學分科。一般來說，歷史可以分成三種：

思辯歷史（Speculative History）：根據先驗或直覺，由上帝、天理或超自然實體出發的歷史研究，以十九世紀的黑格爾及馬克思為顛峰；然而，由於因為缺乏實證，因而衰落。

分析歷史（Analytical History）：以科學實證角度進行歷史研究。

敘事歷史（Narrative History）：以敘事角度進行歷史研究。

在十九世紀至二十世紀科學主義盛行之時，分析歷史一度成為主流，歷史學家嘗試把歷史當成是社會科學，甚至視歷史法則與科學法則同等為「必然法則」，講求實證。然而，隨著過分強調必然性的科學主義漸漸衰落，視歷史為敘事手法的傳統史學在二十世紀又再次復興。

歷史哲學研究哪些問題？

歷史哲學研究的問題包括：

一、年代學問題

二、因果問題

三、中立問題

年代學問題：如何把歷史區分年代及命名？

對於華夏歷史來說，歷史分期表面上不是什麼大問題，只要根據王朝就可以了，如唐、宋、元、明、清。每一王朝，撰一王朝史，即爲斷代史。然而，此說法實不準確。事實上，華夏歷史若自信史時代的商朝（西元前1617-1044）計起的 3528 年，眞正的大一統王朝，只有秦（12 年）、西漢（130 年）、東漢（148 年）、西晉（21 年）、隋（22 年）、唐（127 年）、元（72 年）、明（245 年）及清（220 年），加起來才 925 年，竟連三分之一也不到，只占 26.22%。也就是說，華夏歷史大部分都是處於四分五裂的時期，如只是部落聯盟的商和周，還有春秋戰國、魏晉南北朝等；北宋與南宋未能維持大一統，長期與北方及西方政權分庭抗禮。於是如何把這些四分五裂劃分時期，以及從中選擇一政權認定爲「正統王朝」，即成爲哲學問題，甚至政治與道德判斷。例如，金朝與南宋對立時，南宋被史家視爲華夏正統王朝，而金則不然，故史書中以「南宋」而非「北金」命名此時期。

日本歷史的分期就更複雜。傳統上，日本史官認定天皇萬世一系，即無嚴格意義的朝代更替，所以時期的區分往往涉及文明程度、首都位置、政治體制及實際掌權者等因素，如平安時代（定都平安京），德川江戶時期（由江戶的德川幕府掌握實權）等。

　　同樣問題亦見於西方歷史。過去，基督新教歷史學家喜歡以「黑暗時代」稱呼天主教腐敗和獨裁的中世紀；同樣的說法亦被啓蒙運動者所採納，因爲他們認爲啓蒙運動是「理性時代」，而中世紀卻是欠缺理性的「信仰時代」。可是他們對中世紀的貶低遭到天主教歷史學家的反對；而當十八世紀末至十九世紀浪漫主義興起，批判啓蒙運動時，中世紀的藝術成就再獲重視，黑暗時代之名字漸被拋棄。

　　因此，區分歷史年代，往往涉及知識論及倫理學等歷史事實以外的價值判斷，這正是歷史哲學家要解決的問題。

因果問題：歷史事件由什麼原因導致？

　　在西方哲學，因果律早於亞里士多德時代已成爲重要的哲學問題，而在啓蒙運動時期，因果律的存在更遭休謨質疑。歷史事件的解釋往往需要假設因果律存在才言之成理，但到底什麼原因較重要，什麼原因較次要，歷史之因果關係又跟自然科學之因果關係有何異同，則又衍生其他哲學問題。關鍵在於歷史作爲人類過去的活動，難免涉及人類意志的討論，跟不涉意志的自然變化不同，具有高度的不確定性（意志不必服從客觀法則，可以隨心所欲，但自然現象必服從客觀物理規律），令歷史的因果律成爲一大難題。

中立問題：如何詮釋歷史事件？

　　受到社會科學發展影響，當代分析歷史往往強調「科學實證」，喜歡用統計數據等客觀資料嘗試還原「客觀歷史事實」。

　　然而，隨著哲學詮釋學（hermeneutics）的發展，「客觀歷史事實」是否存在愈來愈受到質疑。這種問題尤其在東亞歷史敘事上體現。

　　詮釋學認爲，人類的理解活動必然受制於來自傳統（tradition）的前見（prejudice）所構成的視域（horizon）：既有系統的既有概念一方面是

理解的工具，另一方面卻限制了理解能力。這一點尤其體現於語言：例如漢語粵語使用者就因漢語無時態而對於英、法、德、日、韓語的時態變化感到大惑不解。粵語有九個聲調，卻又對無聲調語言使用者，如英、法、德、日、韓語使用者來說，亦是難以理解。

以在東亞歷史上經常引起外交及政治爭議的壬辰倭亂（1592-1958）及日本「大東亞戰爭」（1941-1945）爲例，詮釋角度引發的差異就顯示歷史詮釋難以中立。對於中、韓來說，日本是侵略者，其敘事自然側重描述日本的侵略以及東亞人民的自衛。然而，對於日本來說，如果是站在懺悔者的立場，其敘事便側重批判戰爭責任；但對於保守派來說，他們的敘事反而會側重日本對占領區的現代化貢獻，甚至合理化戰爭。雖然大家面對相同的事實，但由於大家角度不同，自然得出不同的敘事。

當代歷史學家還強調古代歷史學家（尤其東亞歷史）所忽略的敘事角度，例如婦女史、經濟史、科技史等。固然，婦女活動、經濟活動和科技成果，都是史實，但歷史學家如果只從正統皇朝角度敘事，很容易就把這些史實輕輕帶過。因此，在詮釋歷史時，與其追求絕對的中立客觀，倒不如盡可能檢視和批判各種敘事角度的限制，不要蔽於狹隘的民族主義情緒，輕易提出單一的敘事。

宿命論和決定論

你相信命運嗎？為什麼？

圖表 44 四種對自由意志及決定論的立場

對於人的行動是否受到某些必然法則（如命運、上帝旨意、科學法則、社會經濟條件等）決定，哲學上最少有四種立場：

一、嚴格決定論（Hard Determinism）：行動由必然性而非自由意志決定。黑格爾、馬克思皆持此觀點。

二、相容論（Compatibilism）：必然性決定自由意志，自由意志決定行動，自由意志與必然性相容。早期的奧古斯丁、亞奎那、馬丁路德、萊布尼茲、康德持此觀點，孔子及孟子可能亦支持此說。

三、非決定論（Indeterminism）：行動既非必然性亦非自由意志所決定，而是偶然發生。此觀點較罕見，休謨和佛教的宇宙觀或可視為例子。

四、自由意志論（Libertarianism）：行動由自由意志而非必然性

決定。齊克果等存在主義者持此觀點，墨子亦可能支持此說。

在上述觀點之中，西方哲學家和神學家較多支持相容論，原因由於他們一方面承認人類思想、言語及行為往往受制於外在、客觀而必然的條件，如生理以及社會經濟等，另一方面在倫理學上他們卻必須預設人擁有自由意志，且可以主宰自己的思想、言語和行為，從而討論道德責任。因為如果人的一切思想、言語和行為皆不由自主，那麼人就無須為自己的思想、言語和行為負責任了。

然而，決定論者往往以科學證據支持其主張，認為自由意志只是哲學家的空想。俄羅斯心理學家伊凡・彼得羅維奇・巴夫洛夫（1849-1936）在 1890 年代進行著名的古典約制實驗：他發現只要長時間維持每次搖鈴，即餵狗吃糧，久而久之，就算無狗糧，狗聽見鈴聲就會流口水。這就是說：狗被動地回應外在刺激，作出反應。

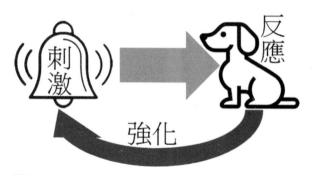

圖表 45 古典約制的刺激反應理論

根據古典約制理論，二十世紀初美國即發展出行為主義心理學，主張心理學研究方法為觀察及直接測量行為，否定意識及自由意志的存在。在巴夫洛夫的狗實驗裡，顯然狗只是被動地對刺激作出反應，沒有彰顯任何自由意志。

然而，人不是狗，人跟動物相比，思想、言語及行為複雜得多，具有

更多的不可測性。例如成人能夠依因果關係判斷知道搖鈴聲跟食物無關係，因此不會有流口水的生理反應；人類除了食色性也的生理需求外，還要其他更高的欲望追求。從個人層面看來，行為主義似乎過度簡化人類心理，其對自由意志的否定成疑。若從歷史及宏觀層面，我們又能否找到證據支持嚴格決定論呢？

黑格爾：歷史發展三階段

圖表 46　黑格爾歷史發展三階段

　　黑格爾認為，世界歷史都是上帝或絕對精神的自我發展過程。其過程是必然而合理的。他將世界歷史根據自由程度分成三個階段：東方世界、希臘羅馬世界及德意志世界。所謂自由就是指精神自我決定的能力：唯有人能自決而且知道自己能自決，人才是真正的自由。黑格爾認為：

　　一、東方世界：（包括中國、印度、波斯、埃及等）只有一個人（皇帝）自由。

　　二、希臘羅馬世界：有些人（公民）自由。

　　三、德意志世界：所有人都自由。

　　因此，黑格爾認為東方世界是最低階段，德意志世界是最高階段。黑格爾的世界史辯證法因而被批評為歧視東方世界。

唯物史觀的「五階段論」

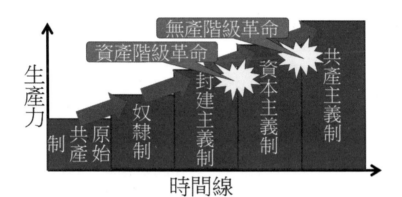

圖表 47　馬克思主義五階段論

　　馬克思主義則以社會經濟條件把世界歷史分成五個階段。應留意的是，馬克思本人未有明確提出五階段論，而是 1938 年蘇聯出版的《聯共（布）黨史簡明教程》整理出來的，認為歷史必然根據五個階段發展，即：原始共產制、奴隸制、封建制、資本主義制及共產主義制發展。

　　原始社會裡，由於生產力低，仍處於採集狩獵時代，生產資料（生產工具）都是公有的。但進入奴隸社會開始，由於農業社會發展，生產力大大提升，而生產資料卻被少數人占據，社會就出現私有制和剝削。奴隸制以奴隸主及奴隸的對立為主，封建制以封建主和農奴的對立為主，資本主義制以資產階級和無產階級的對立為主。其中，封建主義的崩潰是由於工業革命令生產力進步，由農業進入工商業社會，同時因為封建制度無法適應新的經濟模式，因而被資產階級革命推翻，進入資本主義制度。同樣，

馬克思主義者預言隨著生產力提升，經濟生產再不需要剝削無產階級時，無產階級革命就會推翻資本主義制度，進入共產主義社會。

然而，黑格爾和馬克思的歷史決定論，皆是由某些西方的概念前設出發，以經驗事實與其理論穿鑿附會，把西方的一套強加在世界各國，要求他們跟隨相同的方式發展。因此，黑格爾和馬克思這種西方中心主義的解釋，被部分東亞歷史學家和哲學家反對；他們認為東方有其歷史發展的邏輯。

梁漱溟：朝代循環

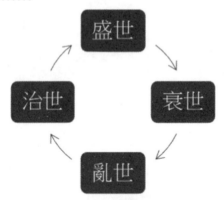

圖表 48　中國歷史上治亂興衰的循環

學習中國歷史的人，往往都會聽過「治亂興衰」的循環，說華夏皇朝都在重蹈覆轍，跟隨相同的歷史發展模式：由於土地兼併及天災，民怨沸騰，於是民變四起，而建立新皇朝。戰爭後因人口銳減，騰空土地，於是人民重新從事生產，令人口、經濟復甦。然而，當人口膨脹、經濟發展後，國家貧富懸殊加劇，土地不足，於是豪強兼併土地，引發民怨，最終又出現動亂，令皇朝滅亡。因此，梁漱溟說中國歷史「循環於一治一亂而無革命」（梁漱溟《東西文化及其哲學》），沒有真正徹底否定過社會體制以解決土地問題。

　　然而，朝代循環一說爲錢穆所反對。他認爲「中國史非無進展，中國史之進展，乃常在和平形態下，以舒步驟得之。……就政治上言之，秦、漢大一統政府之創建，已爲國史闢一奇跡。」（錢穆《國史大綱》頁13）以西方歷史角度批判中國歷史欠缺發展，從錢穆角度來說並不公允。

　　然而，東亞哲學到底有無強硬決定論及相容論的主張呢？

　　與其說「決定論」，倒不如用「宿命論」去形容部分中國哲學的主張。宿命論與決定論存在差異：宿命論是指命運（帶有宗教性）決定人類的行爲，而決定論則是指有一必然性法則完全決定人的思想、言語和行爲。

　　宿命論在中國哲學相對普遍。例如王充在《論衡》說：「凡人遇偶及遭累害，皆由命也。有死生壽夭之命，亦有貴賤貧富之命。」（《論衡·命祿》）陰陽五行之說亦可被視爲一種宿命論。然而，儒家雖不否定命運（孔子言五十知天命），卻不願落入宿命論，始終希望肯定人爲努力。如孟子說：

> 口之於味也，目之於色也，耳之於聲也，鼻之於臭也，四肢之於安佚也，性也，有命焉，君子不謂性也。仁之於父子也，義之於君臣也，禮之於賓主也，智之於賢者也，聖人之於天道也，命也，有性焉，君子不謂命也。（《孟子·盡心下》）

　　雖然人類的道德之性，有先天限制（命）的成分，但孟子爲了肯定人自主實踐道德之性的能力，因而強調這不能被稱之爲「命」。

　　而在解釋整體歷史發展時，王夫之亦受儒家影響，認爲不能單講趨勢，也要講價值原則，此說稱爲理勢合一。理指「當然而然」，即當爲而爲（應然性），然而理的實踐「則成乎勢矣」。勢則是指「既然而不得不然」，即事實上發生而不得不發生之事（實然性）。理勢合一，才成爲「道」。但理勢如何才能合一呢？王夫之認爲這由作爲物質基本元素的

「氣」決定：

> 有道、無道，莫非氣也，此氣運、風氣之氣。則莫不成乎其勢也。
> 氣之成乎治之理者為有道，成乎亂之理者為無道。均成其理，則均成
> 乎勢矣。故曰：「斯二者，天也。」（《讀四書大全說·離婁上篇》）

氣是物質的基本元素，所以理要有氣，才能實現，無氣則不能實現。
有氣之理便是有道，無氣之就是無道。王夫之進一步解釋：

> 道者，一定之理也。於理上加「一定」二字方是道。乃須云「一定
> 之理」，則是理有一定者而不盡於一定。氣不定，則理亦無定也。理
> 是隨在分派位置得底。道則不然，現成之路，唯人率循而已。故弱小
> 者可反無道之理為有道之理，而當其未足有為，則逆之而亡也。孟子
> 於此，看得「勢」字精微，「理」字廣大，合而名之曰「天」。進可
> 以興王，而退可以保國，總將理勢作一合說。曲為分析，失其旨矣。
> （《讀四書大全說·離婁上篇》）

道是一定之理；所謂「定」，就是以氣定之，即以氣確定實現之。因
為理只是抽象的原則，而道就是「現成之路」，已實現了。但氣如何才能
定下來呢？王夫之說：

> 理與氣不相離，而勢因理成，不但因氣。氣到紛亂時，如飄風飄
> 〔驟〕雨，起滅聚散，迴旋來去，無有定方，又安所得勢哉！凡言勢
> 者，皆順而不逆之謂也；從高趨卑，從大包小，不容違阻之謂也。夫
> 然，又安往而非理乎？知理勢不可以兩截溝分，則雙峰【指宋朝儒者
> 饒魯】之言氣，亦徒添蛇足而已。（《讀四書大全說·離婁上篇》）

　　簡以言之，勢就是由氣所決定，然而氣變幻無常，「起滅聚散，迴旋來去，無有定方」，不得「定」；所以要氣定，也就要配合規範性的理。有了理氣相合，才得以理勢合一，因而有道。這就是理氣不相離的意思。身為歷史學家的王夫之舉例解釋：「無理之氣，天地之間即或有之，要俄頃而起，俄頃而滅。此大亂之極，如劉淵、石勒、敬瑭、知遠。」（《讀四書大全說・離婁上篇》）因此，王夫之認為，人不能自持「氣勢」而無視規範之理，無視道德，否則政權很快會隨勢而生滅。

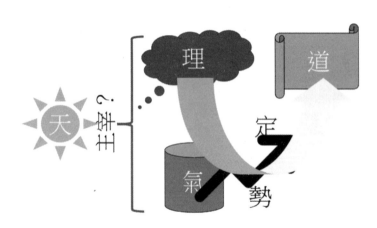

圖表 49　王夫之的理勢合一說

　　但王夫之上述複雜的歷史哲學真是一種相容論嗎？首先他未有明確表明個人的意志可以超越氣勢的限制實現自由，其次是「理」的意義不清。一方面，他所指的理是一種規範性和應然性之理，理應是指道德和價值判斷。另一方面，他又說理是「隨在分派位置得底」，能夠駕馭和約束氣如何發展，這實為宇宙論之理。為何道德之理跟宇宙論之理相通呢？例如，道德價值上人判斷「一黨專政是惡的」無法推論出「一黨專政政權不能持久」，「君主立憲是善的」無法推論出「君主立憲政權能夠持久」，但王夫之卻聲稱因為劉淵、石勒、敬瑭、知遠等政權無道德，所以短暫。這有

混淆道德與歷史之嫌。

我們或可以為王夫之辯護，說「天」統一了道德和歷史趨勢，所以氣勢最終要服從理的價低約制，因他說「孟子於此，看得『勢』字精微，『理』字廣大，合而名之曰『天』。進可以興王，而退可以保國，總將理勢作一合說。」然而，先不論天的信仰本身跟王夫之哲學有無矛盾，此說即令王夫子的整套歷史哲學變成跟黑格爾相近的上帝決定論了。如果歷史是「天」以「理勢合一」去實現道，即歷史非人的自由意志所能左右。這又跟儒家立場有抵觸。

接下來我們將看古今東西的自由意志論如何極端地否定一切必然性對自由意志的限制。

自由意志論

雖然現代科學昌明，資訊發達，但不知何故，篤信星座、風水、掌相、命理、占卜的人大有人在。然而，早在戰國時代，中國哲學家墨子已經指出了這些宿命論的荒謬。有一次，墨子北赴齊國，路上卻遇一相士攔阻：

> 子墨子北之齊，遇日者。日者曰：「帝以今日殺黑龍於北方，而先生之色黑，不可以北。」子墨子不聽，遂北，至淄水，不遂而反焉。日者曰：「我謂先生不可以北。」子墨子曰：「南之人不得北，北之人不得南，其色有黑者有白者，何故皆不遂也？且帝以甲乙殺青龍於東方，以丙丁殺赤龍於南方，以庚辛殺白龍於西方，以壬癸殺黑龍於北方，若用子之言，則是禁天下之行者也。是圍心而虛天下也，子之言不可用也。」（《墨子‧貴義》）

日者說因為歷史上今天黃帝在北方殺了黑龍，而墨子膚色黑，所以不能往北方。墨子沒理會他，結果到了淄水，沒渡河就回來。文中沒解釋原

因，但根據上文下理推斷，可能是因為天氣或洪水的問題。日者就沾沾自喜說：「我早說了先生不可以赴北啊。」於是墨子就斥責其荒謬：淄水之南的人不能往北，淄水之北的人不能往南，其中膚色有黑有白，為何全部都無法渡河呢？再說，如果說帝某日殺青龍於東方、殺赤龍於南方、殺白龍於西方、殺黑龍於北方，則天下都去不了，所以相士之言不可取。

若是無知者，發現日者「說中」了，可能就會說「老師又中」，深信不疑。但墨子是哲學家和邏輯學家，當然不會被日者欺騙。墨子在上述提出的兩個反駁，其實都是針對宿命論所犯的謬誤，即虛假原因謬誤（false cause fallacy）。帝有無在北方殺黑龍，墨子膚色黑不黑，真的跟墨子去不去北方有關嗎？能否渡河的直接原因，應是船隻有沒有位子，水流急不急，天氣好壞，河流兩岸官兵是否容許通行等，而不是毫不相關的「帝殺黑龍於北方」，這完全有違人類超驗統覺中「因果」的範疇。

但決定論則不是如此容易反駁。決定論正是建基於因果律認為人類的一切言行甚至思想皆被決定。你起床是生理反應，你說話是因為社會教導了你一套特定語言，你的所有心理反應都可以用自然科學或社會經濟的因果關係去解釋。這樣一來，自由意志便不存在了。

存在主義者卻堅持自由意志存在，否定決定論。例如沙特認為，人被判定自由，每一刻都要作出不同的選擇，而選擇者只有自我，自我無法不選擇，或是把選擇說成是他人或外物所決定。然而，決定論者可以質疑沙特，說這只是沙特從個人自我角度出發的微觀觀點，忽略了宇宙整體發展的宏觀角度。從宏觀看來，每個個人的主觀選擇，仍是受到宇宙規律決定。

要回應決定論，齊克果提出可能性與必然性的區分（見第三章）。齊克果批評決定論者混淆了必然性與可能性，指出自我實現的前提就是人要有想像出可能性的能力，而可能性本身就超於因果必然性的範疇；或用齊氏的說法，可能性是一個「自由原因」（freely cause）。然而，從科學主義來看，我們仍可以說人的心理想像能力是由生理機能所決定，所謂「可

能性」仍有其「必然性」的原因。於是齊克果可以反駁，說人類的可能性是上帝所創造，而非來自於生理機能，而人與上帝都是靈，因而有超越心靈與身體的能力，但科學主義者會直接將此視之為迷信而否定。難道我們真的無法捍衛自由意志的存在嗎？

以賽亞·伯林（Isaiah Berlin，1909-1997）換個角度來論證為何我們必須保留自由意志的概念。在《歷史難免》（Historical Inevitability）一書裡，伯林質疑決定論及「歷史難免」（historical inevitability）的概念：即歷史所發生之一切事件必須如此發生，無法改動，而且它們可透過歷史發展規律被發掘、理解與描述。伯林指出，如果我們假定歷史都是被規律決定，而無自由意志，那我們就無法理解和評價人類行為。如果人類行為皆被外在規律所決定，人不由自主，那人類的行為實跟無意識的機械人或喪屍無異。A 毆打 B 是因為因果法則決定 A 毆打 B，所以 A 就算打死了B，A 也不用負責任了，因為 A 不由自主。事實上，我們對人類行為的解釋總是預設可能性與自由意志：A 可能打 B 或可能不打 B，然而 A 選擇了打 B，所以 A 打 B。然而，此說僅僅說明我們需要預設自由意志才能解釋人類行為，並作出道德價值判斷，卻不能證明自由意志確實存在。

此外，伯林進一步指出，所謂的「難免」根本不是歷史事實。我們只是在事件已發生、塵埃落定後，才事後孔明說「一定這樣發生」，卻沒考慮到事件發生當刻的種種因素的不確定性：例如 1936 年之前，納粹德國可能與日本軍國主義結盟，亦可能與中華民國結盟，兩者在邏輯上皆可能，在當時並沒有哪一選項「必然發生」；可是，1936 年德日簽定「防共協定」後，納粹德國就選擇了跟日本而非中華民國結盟。所謂「難免」發生，似乎只是後人在馬後炮。

與其說伯林捍衛了自由意志，倒不如說柏林僅僅指出了決定論論證與解釋力不足：一、決定論的所謂論證，往往都是在一切已成定局後才馬後炮的說某歷史事件「必然如此發生」，或是將毫不相關的生理機制穿鑿附

會成人類行爲的原因，有錯誤原因謬誤之嫌。二、決定論對人類行爲的解釋有違直覺及日常語言中對人類的理解。然而，否定決定論，並不等同肯定了自由意志論；正如本章節的圖表所言，強硬決定論和相容論（溫和決定論）以外，還有自由意志論和非決定論。即使伯林成功否證了強硬決定論和相容論，也只代表自由意志論或非決定論皆可能爲眞：到底是基督宗教傳統的自由意志論還是佛教傳統的非決定論成立呢？這有待大家進一步思想。

延伸閱讀

Berlin, Isaiah, *Historical Inevitability*, London: Oxford University Press, 1954.

以賽亞•伯林，《自由及其背叛》，南京：譯林出版社，2019。

康德著、李秋零譯，《實踐理性批判》，臺北：五南圖書出版，2019。

黑格爾著、王造時譯，《歷史哲學》，上海：上海書店出版，2001。

聯共（布）中央委員會編，《聯共（布）黨史簡明教程》，北京：人民出版社，1975。

卷四：倫理學進階

第九章　講就兇狠，做就⋯⋯？近代倫理學

康德義務論

誰有資格定義道德標準？

古代的宗教，例如猶太教、原始基督宗教、伊斯蘭教等，認爲只有神才能定義善惡對錯。《舊約聖經》經常出現「耶和華眼中看爲惡」、「耶和華眼中看爲善」，即爲例證。然而，康德（Immanuel Kant，1724-1804）認爲，這種主張會造成「道德他律」的問題。

道德自律 vs 道德他律

道德自律是指個人自決道德律則的能力，而道德他律則是指他人決定道德律則的能力。

如果沒有道德自律，道德他律會造成人失去道德自主性。父母、老師、政府、宗教或上帝定斷善惡，而自己只盲從，無自主判斷，更有可能造成暴行，例如納粹士兵盲目服從上級命令，屠殺猶太人。唯有人察覺自己有道德自律，自知有良心，知道他人命令有誤，才有可能反抗。

何為道德律則？

康德認爲，一個人自主制訂的道德律則要作爲善惡標準，必須符合定言律式與原則標準化的要求。

定言律式（Categorical Imperative）是指在何時何地根據作爲普遍法律的原則而作出的行爲，而此行爲與任何目的無關，因爲此行爲即爲目的本身，例如今人乍見孺子將入於井，皆有怵惕惻隱之心。假言律式（Hypothetical Imperative）則只是爲了達成某一目的而作出的行爲，此行爲只是某目的之手段，例如上班是爲了賺錢。康德認爲眞正的道德行爲必

爲定言律式。

　　要建構定言律式，康德提出原則標準化（Universalizing a maxim），包括三點：

　　一、視此原則爲世界規律般遵守。

　　二、不能把人只當成是手段，永遠都要把人當成是目的。

　　三、所有理性的人必須把自己當作一位世界目標的立法者來遵守原則（自我立法）。

　　假設某人將「不可殺人」當成是原則遵守。根據原則標準化，他要視此原則爲「世界規律」，即放諸四海皆準的普遍原則：無論任何情況，他必須遵守之。而在實現此道德原則時，他必須把每一個人視爲目的不只是手段。這就是說：他不可以爲了拯救某人 A，而犧牲某人 B，將 B 當成是拯救 A 的手段。最後，這原則必須是某人自行立法的，不可以是政府或上帝等外在權威強加於其身上。

　　於是我們很自然會聯想到大量荒謬的情況。假設某人以「不可撒謊」爲原則，而此沒有例外情況可以違規。有一個猶太人躲在你家中，然後有一個納粹軍官來敲門問你有沒有見過猶太人，他要殺死猶太人。這情況下你可以撒謊嗎？康德說你不可以，因爲「不可撒謊」是普遍原則，沒有例外情況可以違反。但你一說出眞話，猶太人就會被殺了。康德主義者可以辯解：你可以沉默。但如果納粹軍官說你不回答就會殺你全家，你必須回答眞話的話，又如何呢？康德主義者可以再辯解說：你可以說出眞話後，反抗甚至殺死這納粹軍官，以拯救猶太人。可是這又馬上引伸其他問題：首先，殺納粹軍官以拯救猶太人，本身就是把納粹軍官僅僅視之爲手段而非目的。其次，此處即看見律則之間的矛盾：爲了「不可撒謊」，結果可能會違反「不可殺人」的律則。康德的定言律式建構了一個嚴重僵化的道

德思維，使人在倫理判斷上變得寸步難行，毫無彈性。

除此之外，康德倫理學還面對另一個問題：為何我要遵守道德律則呢？

對於亞里士多德德性倫理學來說，這不是一個問題。因為亞氏認為實踐德性是為了追求個人幸福，所以道德最終都是對個人有好處。但康德不容許人如此思想道德，因為道德必須是目的，不可能成為得到幸福的手段，人只能「為道德而道德」。於是康德自然難以說服一般人為何要虐待自己，如此嚴格迫使自己實踐道德。

但亞氏無法保證有德之人必有福，因為德性只是幸福的其中一個因素。基督宗教的上帝審判就解決了此問題：只要有上帝作為最終審判者，賞善罰惡，義人便最終得到永恆福樂，惡人則最終進入永火地獄。

由於康德屬於基督宗教傳統，最終仍回到基督宗教裡，提出三大設準解決德福一致的問題（將在本章最後一節再詳述）：如何使有德之人最終亦有福。

三大設準包括：

一、自由意志：人有自由意志才能自主作出道德判斷及行為，並為自己的行為負責。可是，這前提受到近代不少決定論者的批評。

二、靈魂不滅：人擁有不滅的靈魂，才有可能在死後承受審判。

三、（作為審判者的）上帝存在：有公義的上帝根據道德原則賞善罰惡。

但這又引伸另一問題：如何保證人不是出於對上帝賞善罰惡的恐懼而行善呢？

康德義務論倫理學的僵化使之難以應用於社會政治處境。反之，下一節所言的功利主義則更切合社會實況，卻又產生其他難題。

功利主義

討論

1. 道德行爲一定對個人或社會有利嗎？

2. 爲了個人或社會利益而作出的道德行爲還算是道德行爲嗎？

享樂主義（Hedonism）認爲，人生的最大意義就是自己享樂，由古希臘的昔蘭尼的阿瑞斯提普斯（Aristippus of Cyrene，西元前 435-356）。阿瑞斯提普斯追求的只是食色性也的物質享受；相比之下，伊壁鳩魯（Epicurus，西元前 341-270）卻追求精神上的享樂，如欣賞藝術等。在先秦，楊朱亦提出「人人不損一毫，人人不利天下，天下治矣」，是爲利己主義。

當然，這種自私自利的想法，很難被人覺得是「道德」的主張。然而，道德卻未必與「利益」完全對立。試想一下：我們爲何會覺得 Marvel 的超級英雄是「正義使者」呢？往往是因爲他們「拯救了很多人」——拯救城市、拯救國家、拯救地球等。拯救他人，固然對自己不利，會犧牲自己或自己所愛的人，但卻對社會整體有利。因爲一人的犧牲，才令眾人得救。這種說法，正跟基督宗教所相信的救贖論一致：因爲耶穌基督犧牲捨己在十字架上，所以普天下人才得救。用墨子的說法，我們可以說耶穌跟先王聖人一樣興天下之大利、除天下之大害，其道德成就甚高。此即爲功利主義之看法。

功利主義認爲道德的行爲即爲能將整體效益最大化（即最大幸福）的行爲。效益是指追求最大快樂並避免痛苦。

雖然先秦墨家或被視爲功利主義的遠祖，但西方近代哲學的功利主義要到十八世紀才成形。蓋伊（John Gay，1685–1732）在《論美德或道德的根本原則》（*Concerning the Fundamental Principle of Virtue or Morality*）

首先提出人類得到幸福是上帝的旨意；此說被聖公會牧師威廉・佩利（William Paley，1743 － 1805）推廣，即爲神學功利主義。後來，哲學功利主義漸漸淡化其神學色彩，並形成行爲功利主義（act utilitarianism）與規則功利主義（rule utilitarianism）兩派；而規則功利主義又分成量化功利主義（Quantitative Utilitarianism）和質化功利主義（Qualitative Utilitarianism）。

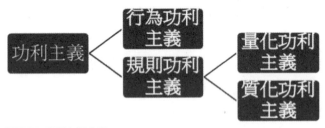

圖表 50　功利主義分類

行爲功利主義只看當下某一行爲能否帶來效益而決定此行爲是否道德。例如，一人爲拯救一群猶太人而向納粹軍官撒謊隱瞞猶太人行蹤，甚至當下殺死納粹軍官，因爲他拯救了一群猶太人的性命，帶來了效益，所以是道德的。可是，現實行爲往往不只涉及當下處境，而且會引伸更長遠的影響。例如某地興建水壩，在當下解決了中游水患問題，卻長遠令河流的三角洲因爲河水泥沙量不足而被海水侵蝕，這決定還是正確嗎？但行爲功利主義無法計算長遠及更廣泛的影響，只看當下效益，有點短視。因此規則功利主義應運而生。

規則功利主義認爲若某一普遍規範每次被遵守，皆能產生最大快樂值，則此規範爲道德。例如，只要大家都遵守交通規則，就難減少交通意外死傷率，效益就被最大化了。問題在於：如何量度效率或最大幸福呢？

邊沁（Jeremy Bentham，1748-1832）的量化功利主義認爲所有幸福同等，所以多數人幸福就是最大的幸福。然而，約翰 ・ 史都華 ・ 米爾（John Stuart Mill，1806 － 1873）不同意，主張質化功利主義，認爲精神

上的幸福高於物質上的幸福。米爾說：「寧爲不滿人，勿作滿足豬；寧爲不滿蘇格拉底，勿作滿足蠢人。」

為何米爾要提出質的區分呢？因為邊沁的功利主義無視快樂的程度高低。例如，打電玩跟看舞臺劇同樣會帶來快樂，而由於喜歡打電玩的人比喜歡看舞臺劇的人多，所以根據邊沁，政府應該資助大家買 PS5 或 Wii 而非資助舞臺劇團營運。然而，米爾認為，人如果無法體驗更高的藝術層次的享受，將不利其發展判斷力，長遠令社會整體的判斷力下降，對社會不利。因此他提出質性的區分。

若跟義務論比較，我們不難發現，功利主義與義務論存在嚴重分歧：在判斷一行為或規範是否道德時，義務論只看動機，不看結果；而功利主義卻重視結果，輕視動機。義務論無視社會效益，而功利主義卻重視社會效益。表面看來，功利主義比較符合政治現實：政策與法律制訂似乎是為了令社會實現最大幸福，而非為了履行對道德原則的義務。

但功利主義仍面對不少難題。如果犧牲少數，滿足多數人的福祉就是道德的話，我們能否殺一個健康的人，取出他的器官移植給五個病人，以救活這五個病人呢？直覺上我們覺得不行，因為那被殺的人是無辜的。但根據功利主義，這行為卻似乎是道德的，因為只有一人受苦，而其餘五人卻得福。

相對於義務論及功利主義之爭，東亞儒家傳統對道德的爭議就不是落在動機還是後果之上，而是落在到達性理還是心性才是道德標準所在。下一節起我們將轉為討論東亞傳統的倫理學。

朱熹：性即理

討論

如果孟子說人性本善，為何人會行惡？

受北宋儒學影響，南宋的朱熹（1130-1200）在前人的理氣二元論基礎上加以發揮，建構出「性即理」的理學，主張「格物窮理」。讓我們先複習一下理氣二元論。

自程頤提出作為規範原則的「理」與作為物質基本元素的「氣」的劃分後，世界就被一分為二：不可見的形而上的「理」以及可見的形而下的「氣」。理和氣是各自獨立存在的，然而有形的氣必須被理規範如何形成萬物，而無形的理亦必須透過氣去呈現自己。問題來了：

1. 理與氣誰先出現？
2. 理與氣之間如何互動？

有理先還是有氣先？

朱熹對有理先還是有氣先的答案其實有點反覆。早年，有學生問他此問題，他認為先有理：

> 問：「昨謂未有天地之先，畢竟是先有理，如何？」曰：「未有天地之先，畢竟也只是理。有此理，便有此天地；若無此理，便亦無天地，無人無物，都無該載了！有理，便有氣流行，發育萬物。」……曰：「發育是理發育之否？」曰：「有此理，便有此氣流行發育。理無形體。」《朱子語類・理氣上》

天地存在之前，先有一理，指引氣如何發育天地人物，所以理先於氣存在。然而，發育萬物的，始終是有形的氣，而非無形的理。

可是，後來朱熹發現這種說法不對勁：如果「理先於氣存在」，但理只能透過氣呈現自己，那麼未有氣而只有理時，理是什麼模樣呢？於是他說：

問：「先有理，抑先有氣？」曰：「理未嘗離乎氣。然理形而上者，氣形而下者。自形而上下言，豈無先後！理無形，氣便粗，有渣滓。」《朱子語類・理氣上》

朱熹漸漸發現原來人根本無法討論「理氣先後」的問題，因爲人只能透過氣理解理，而氣亦只能依賴理而運行。將兩者分離是不可能的。所以他修正自己的主張，說：

此本無先後之可言。然必欲推其所從來，則須說先有是理。然理又非別爲一物，即存乎是氣之中；無是氣，則是理亦無掛搭處。氣則爲金木水火，理則爲仁義禮智。　《朱子語類・理氣上》

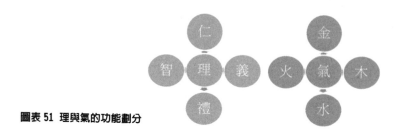

圖表 51　理與氣的功能劃分

如果我們從邏輯或理性上「推其所從來」，就只能說理先於氣存在。但事實上，理不是一個「物體」，只能依靠氣去呈現它才能存在，所以事實上理氣是同時存在，無先後之分。理和氣的區分在於功能上的區分：理

生出仁義禮智這些抽象的道德原則，而氣生出金木水火這些具體的物理元素。

　　舉個例子：完美的圓形是個概念（理），而世上各圓形的東西，如湯圓、足球、地球等，是物體（氣）。如世上無這些圓形的物體展示圓形此形式，則我們難以說圓形存在於現實，甚至不可能透過觀察這世界認識圓形的概念，所以理和氣不能分離。

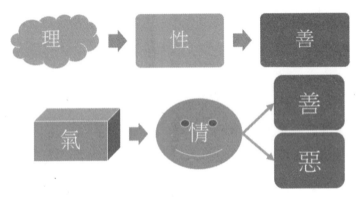

圖表 52 理生性，是純善，氣生情，可善可惡

　　金忠烈引用《朱子語類》，進一步解釋理氣二元論如何發展成性情二元論：「稱生之理爲性」、「性爲實理，仁義禮智齊全」以及「性即純粹善」。（金忠烈《高麗儒學史》頁264）這就是性即理：理生出性，而性是純善，但氣卻生出人的情，而情可善可惡。如此一來，人性就被分成性和情兩層了。

天下有多少個理？

朱熹認爲天下只有一理，他說：

伊川說得好，曰：『理一分殊。』合天地萬物而言，只是一箇理；
及在人，則又各自有一箇理。《朱子語類·理氣上》

這不僅是說所有人共有相同的道德律則，而是說禽鳥草木之「理」與人類之「理」也是同一個「天理」，這就是說：朱熹認為道德律則與自然律則是同一個天理。這正是朱熹理學最具爭議性的地方：他認為道德律則與自然律則相通，只要人認識自然（如科學）就可以認識道德，認識道德就可以認識自然。可是事實上，物理、化學、生物等科學法則根本與道德律則毫不相關，認識自然不代表人能認識道德。

如果人又有純善的性與可善可惡的情，那麼性和情如何被統合？

朱熹引張載，主張「心統性情」。為何心可以統性情呢？因為心有兩特點：一，是理和氣之合，二，有知覺或主宰的能力：

> 問：「知覺是心之靈固如此，抑氣之為邪？」曰：「不專是氣，是先有知覺之理。理未知覺，氣聚成形，理與氣合，便能知覺。譬如這燭火，是因得這脂膏，便有許多光燄。」 《朱子語類·理氣上》

圖表 53 心是理與氣合

因為心有知覺，所以能夠知覺「理」。理只是律則，沒有認知的能力，但心有，可以認識理；而這種知覺勾力，是來自身體器官，所以亦來自氣。所以，如果沒有心，則理不可能被認知。朱熹曰：

> 所知覺者是理。理不離知覺，知覺不離理。……問：「心是知覺，性是理。心與理如何得貫通為一？」曰：「不須去著實通，本來貫通。」「如何本來貫通？」曰：「理無心，則無著處。」……所覺者，心之

理也；能覺者，氣之靈也。　（《朱子語類‧性理二》）

　　此處朱熹強調了心作爲理的主動實現者：心知覺理，然後實現理。但朱熹卻進一步指出，雖然心知道理，心不一定會實現理，因爲心是氣所出，而擁有來自氣的情，情又可善可惡：

　　問：「心之爲物，衆理具足。所發之善，固出於心。至所發不善，皆氣稟物欲之私，亦出於心否？」曰：「固非心之本體，然亦是出於心也。」又問：「此所謂人心否？」曰：「是。」子升因問：「人心亦兼善惡否？」曰：「亦兼說。」　（《朱子語類‧性理二》）

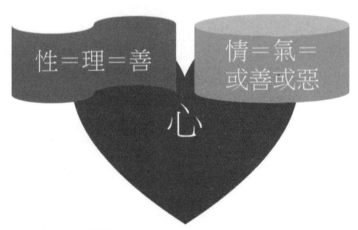

圖表 54 心統性情圖解

　　孟子言：「惻隱之心，仁之端也。」仁，性也；惻隱，情也，此是情上見得心。又曰「仁義禮智根於心」，此是性上見得心。蓋心便是包得那性情，性是體，情是用。……性是未動，情是已動，心包得已動未動。蓋心之未動則爲性，已動則爲情，所謂『心統性情』也。欲是情發出來底。（《朱子語類‧性理二》）

心兼有性與情；性因為是「理」，是律則，無主動性，故「不動」，情卻因是「氣」，是能力，有主動性，故「已動」。所以心如果要把性實現出來，也需要利用情。

如何實現道德？

朱熹提出格物窮理一說。格物出自《大學》：

> 物格而後知至，知至而後意誠，意誠而後心正，心正而後身修，身修而後家齊，家齊而後國治，國治而後天下平。（《禮記・大學》）

朱熹的解讀是：物格＝物理之極處無不到。所以朱熹主張學習知識，包括認識自然，因為他認為自然律則與道德律則同屬同一天理。除此之外還根據《周易》，提出窮理盡性一說：

> 昔者聖人之作《易》也，幽贊於神明而生蓍，參天兩地而倚數，觀變於陰陽而立卦，發揮於剛柔而生爻，和順於道德而理於義，窮理盡性以至於命。（《周易・說卦》）

朱熹解釋說：窮理＝「是理會得道理窮盡，是『知』字上說，是見」；盡性＝「是做到盡處，是『仁』字上說，是行」。只要以認知窮盡所有道理，就可以把道德做到窮盡。

由於朱熹提出性情之分，認為情可善可惡，因而將屬於情的人欲與天理對立起來，提出「人之一心，天理存，則人欲亡」。（《朱子語類・學七》）後世程朱理學因而被批評立場保守，主張封建禮教。如程頤反對寡婦改嫁，當有人說「孤孀貧窮無托者」能否改嫁時，他竟不近人情的說：「餓死事小，失節事大」，惹人批評。

　　元朝以後，程朱理學被中國理朝視爲官學，科舉八股文必從朱熹的《四書章句集注》去解釋四書。程朱理學同樣透過高麗儒者李穡（1328-1396）及鄭夢周（1337-1392）傳入朝鮮半島。1392 年，李成桂推翻高麗，建立李氏朝鮮，爲了建立統治正當性，就透過文臣鄭道傳（1342-1398）大力推廣朱子學，成爲朝鮮官學，主要代表人物有李滉（1501-1570）和李珥（1536-1584）。

　　簡單來說，由於朱熹嚴格區分了理和氣、性和情，因此到底四善端（惻隱之心、羞惡之心、辭讓之心、是非之心）這四種「情感」是否有「氣」或「情」的成分，以及跟一般的情感（七情）有何區別，成爲了朝鮮朱子學所爭論所在。李滉（1501-1570）提出主理說，認爲「四端則理之發，七情則氣之發」；李珥（1536-1584）卻提出主氣說，提出「四端氣發而理乘之」。

　　可是，在日本，朱子學的形態卻多樣化得多。日本朱子學主要是在戰國時代晚期才發揚光大；壬辰倭亂（1592-1598）期間，日本侵略朝鮮，擄去儒者姜沆（1567-1618）；公卿家族出生的藤原惺窩（1561-1619）仰慕其學問，多次拜訪姜沆，學習朱子學，並加以推廣。藤原的學生林羅山（1583-1657）在江戶時期成爲了「大學頭」（幕府官立學校的校長），自此朱子學成爲了幕府的官學。

　　固然，程朱理學有其封建保守的面向，甚至日本哲學家和辻哲郎在《鎖國》一書批評朱子學是日本江戶時期思想封閉的主因之一。然而，由於朱子學認爲學習自然科學知識亦可「格物窮理」，認識天理，因此在日本朱子學者中亦出現了關心自然科學的進步分子，尤其是新井白石（1657-1725）。新井白石不僅是哲學家，亦是地理學家、歷史學家、文學家、語言學家、科學家、外交家，著有《西洋紀聞》一書，積極介紹西洋科技。所以，我們不能斷言「程朱理學」等同「封建保守」，而忽略其開放性。

王陽明：致良知、知行合一

討論

你認爲誰有資格決定何爲善惡？爲什麼？

部分基督宗教的神學家，如亞奎那，認爲善惡由上帝決定。可是，在陸王心學的傳統裡，善惡卻是由個人的良知定斷。要理解此說，則要先理解儒學兩大流派——程朱理學與陸王心學的爭論所在。

南宋淳熙二年（1175 年），呂祖謙爲了調和朱熹和陸九淵，邀約兩人到鵝湖就「尊德性還是道問學？」辯論，吸引百多名學者圍觀，史稱鵝湖之會。「尊德性而道問學」的問題出自《中庸》：

> 君子尊德性而道問學，致廣大而盡精微，極高明而道中庸。（《禮記·中庸》）

文言文中「而」一字有歧義，既可解作然後，又可以解作「而且」。陸九淵認爲，人應該先尊德性，但朱熹卻認爲，人應該先道問學；經過一番爭論後，陸九淵反問朱熹「堯、舜之前有何書可讀？」氣得朱熹無話可說，不歡而散。因此鵝湖之會表面上陸九淵占了上風。

此論爭透露出心學與理學的分歧：以南宋陸九齡、陸九淵及明朝王陽明爲代表的心學，反對「性即理」，主張「心即理」。

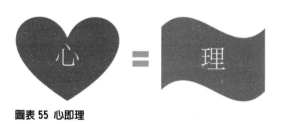

圖表 55 心即理

何為心即理？

王陽明（1472-1529）認為，心即理就是說：人的自覺本生就是道德律則，道德律則是先天而內在的，人無須向外求而學習道德，亦知如何實現道德。王陽明曰：

> 且如事父，不成去父上求個孝的理？事君，不成去君上求個忠的理？交友治民，不成去友上民上求個信與仁的理？都只在此心。心即理也。（《傳習錄‧徐愛引言》）

事父以孝的孝，並不是從父而來，而是發自內心；事君以忠的忠，並不是從君而來，而是發自內心；交友以信，並不是從友而來，而是發自內心。因為道德不必外求，而先天而內在存在於人心中，所以王陽明提出「心外無理」、「心外無物」一說：

> 身之主宰便是心；心之所發便是意；意之本體便是知；意之所在便是物。……所以某說無心外之理，無心外之物。《中庸》言『不誠無物』，《大學》『明明德』之功，只是個誠意。誠意之功只是個格物。（《傳習錄‧徐愛引言》）

因此，對於王陽明來說，格物致知的真正意思，是認識自己，而不是認識外在世界。對王陽明來說，心本身就是天理：

> 此心無私欲之蔽，即是天理。不頂外面添一分。以此純乎天理之心，發之事父便是孝。發之事君便是忠。發之交友治民便是信與仁。只在此心去人欲存天理上用功便是。（《傳習錄‧徐愛引言》）

　　王陽明此處所言之心，用現代的說法，可以稱之爲「道德自覺心」；用王陽明本人的解釋，是「天理之心」。王陽明雖然也會說「去人欲存天理」，但這種「去人欲」並不是壓抑自己的心，反而是充分發揮自己的心以實現天理。這正好解釋了孟子所說的「盡心」之意思：

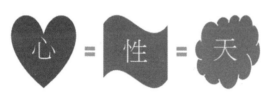

圖表 56 心、性、天三者之關係

　　盡其心者，知其性也。知其性，則知天矣。（《孟子・盡心上》）
　　性是心之體。天是性之原。盡心即是盡性。（《傳習錄・徐愛引言》）

　　如此一來，在王陽明哲學裡，心與性相通；反之，朱熹卻堅持心與性存在差異。但如果人心就是天理，爲何仍有惡呢？王陽明如此解釋：

　　或曰：「人皆有是心。心即理，何以有爲善，有爲不善？」先生曰：「惡人之心，失其本體。」（《傳習錄・門人陸澄錄》）

　　王陽明認爲，惡人的問題就是他們的心「失其本體」，忘記了心原本的道德能力；但忘記並不代表他們沒有這道德能力，只是他們不使用這道德能力。

人如何才能實現道德？

　　王陽明認爲，實踐道德的方法，就是「致良知」：

　　大學之道，在明明德，在親民，在止於至善。（《禮記・大學》）

曰：「然則又烏在其爲『止至善』乎？」……曰：「至善者，明德、親民之極則也。天命之性，粹然至善，其靈昭不昧者，此其至善之發現，是乃明德之本體，而即所謂良知也。（《悟眞錄之七續編一》）

王陽明根據《大學》「明明息、親民、止於至善」一說，發展出致良知，也就是意識到自己有道德的能力，從而實現「知行合一」。

何為知行合一？

王陽明學生徐愛曾問王陽明「知行合一」之意思，王陽明如此解釋：

愛因未會先生知行合一之訓，與宗賢惟賢往復辯論，未能決。以問於先生。先生曰：「試舉看」。愛曰：「如今人盡有知得父當孝，兄當弟者，卻不能孝，不能弟。便是知與行分明是兩件」。……先生曰：「此已被私欲隔斷，不是知行的本體了。未有知而不行者。知而不行，只是未和聖賢教人知行，正是要復那本體。不是著你只恁的便罷。（《傳習錄·徐愛引言》）

王陽明認爲，所謂「知而不行」並不是眞知，因爲此人之心已被私欲蒙蔽了。應留意的是，王陽明所說的知，不是指知識上的認知，而是指自覺：一個人如果眞正自覺自己的本然性善，就應當行之，以實現自我。沒有此自覺，或者忘記此自覺，或者抑壓此自覺，都不是「眞知」。所以王陽明強調要使人恢復「本體」或「本心」。

然而，人到底應做什麼事（工夫），才能喚起自己或他人的良知呢？此即成爲陽明後學的論爭所在。勞思光在《新編中國哲學史》三上指出，陽明學主要有兩種立場：一、「現成自有，不待磨練」，如王畿（龍溪，1498-1583）主張「在先天心體上立根」；二、良知需有培養工夫，如鄒

守益（東廓，1491-1562）主張「敬」，及聶豹（雙江，1487-1563）主張「歸寂」。（勞思光，《新編中國哲學史》三上，頁 452）

　　相比起朱子學，由於王陽明強調人皆可以爲堯舜，不重視遵從禮教，更強調個人的道德主體性和自主性，強調「致良知」，思想較爲開明，反而受到朝廷排擠，始終未成爲官學，在李氏朝鮮更被視作異端而受打壓。然而，據楊祖漢所言，少數朝鮮儒者亦私下研究陽明學，將陽明學進一步發揮，如鄭齊斗（1649-1736）提出「惻隱說良知」，以惻隱之心說明如何致良知。至於在日本，陽明學則直接啓發了武士道的形成，將在相關章節詳述。

經世之學：明末與朝鮮實學

討論
儒學對現實生活有什麼用？

儒學發展到宋朝時，哲學系統十分複雜，理學家和心學家就「性即理」或「心即理」作出爭論，卻似乎很「離地」，已遠離先秦儒家實現道德於政治的原意。這正是中國明末清初以及李氏朝鮮後期興起實學之背景。

何為實學？
儒家有所謂內聖外王之說，本出自道家的《莊子・天下》：「是故內聖外王之道，闇而不明，鬱而不發，天下之人各爲其所欲焉，以自爲方。」內聖是指內有聖人之德，外王則是指外行王道之治。然而，理學和心學似乎過於側重哲學理論建構，而欠缺政治應用，有內聖有餘而外王不足之嫌。加上明末面對嚴峻的政治、經濟與軍事危機，部分儒者便決意放棄「形而上」的論爭，關心救亡。

類似的實學思潮早在南宋的事功學派及明末的東林黨，但到了明末清初，中國經歷滿清入關的高壓統治，明末三大實學家出現，才有理論系統成形。

明末三大實學家包括：

一、顧炎武（1613-1682）主張「經世致用」

二、黃宗羲（1610-1695）主張「天下爲主，君爲客」，被視爲民主思想的萌芽

三、王夫之（1619-1692）主張「氣一元論」，否定朱熹的理氣二元論及王陽明的心學，又認爲歷史發展是「理勢合一」

而在李氏朝鮮，面對壬辰倭亂（1592-1598）以及丙子胡亂（1636，滿清侵略朝鮮）等動盪，部分朝鮮儒者醒覺朱子學根本無力應對時局，因而萌生實學思想。琴章泰在《儒學與韓國思想》（Confucianism and Korean Thoughts）將實學分成三個時期：

- 十七世紀：萌芽
  - 李睟光（1563-1628）及柳馨遠（1622-1673）
  - 李瀷（1681-17620）及其星湖學派（或經世學派）
- 十八世紀：發展
  - 北學派（或利用厚生派）：以洪大容（1731-1783）、朴趾源（1737-1805）及朴齊家（1750-1815）等人為首
- 十九世紀：集大成
  - 丁若鏞（1762-1836）
  - 學齋實學派：以金正喜（1786-1856）為代表

很可惜，由於李氏朝鮮一代始終以朱子學為官學，打壓實學，特別在辛酉邪獄（1801 年）大量殺害信奉天主教、支持實學及西學的士人，因而對實學造成沉重打壓，實學最終沒落，未能挽救岌岌可危的李氏朝鮮王朝，最終走上被日本吞併的悲劇結局。

朝鮮實學與明末實學有何不同？

明末實學與朝鮮實學其中一差異在於對西學的態度。明末實學主流基本上都對西學有保留，甚至斥責天主教為邪教，如黃宗羲《破邪論》視天主教為邪論，王夫之《永曆實錄》批評天主教引來迷信思想。

但朝鮮實學活躍時期，天主教及西洋科技已傳入中國相當一段時期，

部分士人有感朝鮮積弱，便學習西學，甚至部分實學士人成了天主教徒。例如，星湖學派的創始人李瀷透過清朝引進西學和天主教，其門人即分成兩派：歷史學家、《東史綱目》作者安鼎福（1712-1791）排斥天主教，而燕行使（到北京的朝貢使）李承薰（1756-1801）卻成為天主教徒並積極傳教。洪大容、朴趾源和朴齊家雖然亦是燕行使，歡迎引入西學，卻拒絕天主教。而實學集大實者丁若鏞則是天主教徒；然而，辛酉邪獄（1801年）後，信奉天主教的丁家遭到迫害，以至家破人亡，丁若鏞的兄長、福傳者丁若鍾被處死，丁若鏞亦被迫棄教，被流放；晚年被赦返回漢陽，不復出仕，潛心研究，著書立說。本章將解釋其重要哲學主張：二人成仁說、性嗜好及上帝觀。

二人成仁說

丁若鏞對「仁」的理解跟性理學及心性論有顯著差別；他提出「二人成仁說」，從道德實踐角度，指出仁只能存在於人際關係之間：

> 仁者二人也。其在古篆，疊人為仁，疊子為孫。仁也者，人與人之至也。子事父以孝，子與父二人也；臣事君以忠，臣與君二人也。兄與弟二人也，牧與民二人也。由是觀之，倉義製字之初，原以行事會意，今必以藹然一理。指點於杳茫之域，臣不以為也。（〈論語古今注〉《與猶堂全書》）

丁若鏞訴諸訓詁學，指出「仁」之漢字由「人」和「二」構成，故二人之間才能構成仁。然而這並非單純望文生義；丁氏立即以孟子五倫的其中兩例，證明仁存在於不同的「兩人關係」之間，例如：父子之間才有親（即孝），君臣之間才有義（即忠）。同理亦應用於其他關係：夫妻之間才有別，長幼之間才有序，朋友之間才有信。由於親、義、別、序、信為

仁之表現，故得證仁自顯現於二人之間。這就是二人成仁說。

可是，丁氏一說只足以證明仁的實現只能體現於人際關係，不能證明仁只存在於二人之間。若我們引入之前提到的亞里士多德一說，即可說：親、義、別、序、信只是仁的「實現」，但仁未被實現於人倫關係之時，不代表仁不存在，只代表仁作爲潛能或能力存在（對程朱來說，這潛能是性理，而對陸王來說，這潛能是心性）。

再者，如果丁氏眞的聲稱仁只存在於二人之間，即等於主張孟子所反對的「仁義外在」。孟子主張「仁義內在」，認爲仁義禮智這些道德能力內在於個體自我，但如果丁氏以爲仁只存在於二人之間，豈不是說仁外在於個體自我嗎？爲了解決此問題，丁氏提出「性嗜好」一說，說明仁的潛能實內在於人性自然的欲望裡。

性嗜好

丁若鏞認爲，性＝天性＝「性者吾人之嗜好也……若論其嗜好，則樂善而恥惡」。然則人的道德之性只是一種對道德的欲望，與食色性也的「生之謂性」同爲欲望，只有層級差異。丁氏引孟子「理義之悅我心」一說，指出：

> 故理義之悅我心，猶芻豢之悅我口。悅理義者，心之性也。悅芻豢者，口之性也。性非嗜好之所由名乎？（〈答李汝弘〉《與猶堂全書》）
>
> 欲樂性三字，孟子分作三層。最淺者欲也，其次樂也，其最深而遂爲本人之癖好者性也。君子所性，猶言君子所嗜好也。但嗜好猶淺，而性則自然之名也。若云性非嗜好之類，則所性二字，不能成文。欲樂性三字，既爲同類，則性者嗜好也。（〈孟子要義·盡心第七〉《與猶堂全書》）

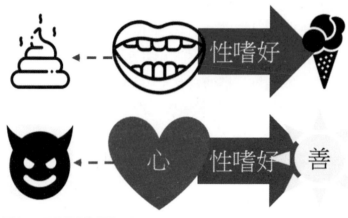

圖表 57　丁若鏞之性嗜好

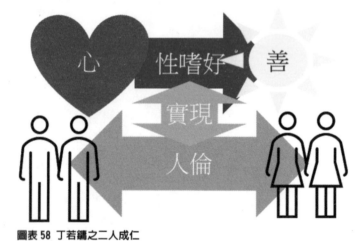

圖表 58　丁若鏞之二人成仁

上帝

　　然而，丁若鏞把仁的潛能說成只是一種人性自然的欲望，那麼「仁」豈不是淪爲嗜好，而失去道德原則的規範性嗎？道德規範如「不可殺人」，理應是放諸四海皆準的客觀規範，而不會隨個人喜好而改變，但性嗜好卻將仁拉到去個人喜好的層面。爲了保證仁的普遍性，最終丁氏需要重申「上帝」的概念。

　　丁氏引《中庸》以重新解釋上帝在儒學之意義。《中庸》曰：「莫見

乎隱，莫顯乎微。故君子慎其獨也。」丁曰：「不信降監者。必無以慎其獨矣。」（〈中庸自箴〉《與猶堂全書》）丁若鏞認為，如果仁只實現於二人之間，當一人獨處時，如無上帝在上監察，人則無理由要戒慎恐懼怕犯錯。所以人獨處之時，仍有神人關係或天人關係，在這關係下，個人亦須踐仁。

丁氏如此定義「上帝」的概念：一、萬物主宰。「天之主宰為上帝，其謂之天者，猶國君之稱國。」（〈孟子要義〉《與猶堂全書》）二、萬物創造者與維持者。「上帝者何？是於天地神人之外。造化天地神人萬物之類，而宰制安養之者也。」（〈春秋考徵〉《與猶堂全書》）三、道德監察和審判者。「殷多先哲王，禮陟配天。故謂能告于上帝，降福降罰。」（〈尚書古訓〉《與猶堂全書》）

第二點正是丁若鏞認為程朱理學與陸王心學所忽略的重點。理學與心學言天道或天理，只是客觀、無知覺、無意識的規律，但誰創造、維持與執行這套規律呢？

> 道是何物？是有靈知者乎？並與靈知而無之者乎？既云「心跡俱無」，則是無靈知，亦無造化之跡。究竟，道是何物？《書》曰：「非天不中，惟人在命」，此知本之說也。今指無為道，戴之於聖人之上，非異教乎？（〈易學緒言〉《與猶堂全書》）

丁氏的「上帝」概念似乎出自其對《尚書》和《周易》的詮釋。《尚書》裡上帝能賞善罰惡，顯然是有審判的能力，而《周易》則認為上帝是萬物創造者。然而，「維持」與推動萬物繼續生長一說，卻不見於五經，亦非理學或心學所主張。對於理學或心學來說，無意志與意識的天理本身已經能夠育化萬物，而聖人只要參透天理，就能以此治世，無所謂上帝安養說。

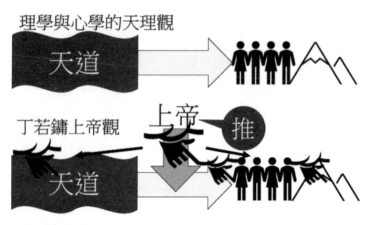

圖表 59　丁若鏞的上帝觀

　　考慮到丁氏一家曾經信奉天主教，我們可以推斷，丁氏的上帝觀很可能是受到基督宗教啓發。上帝安養萬物，正是基督宗教對上帝的看法：「你們看那天上的飛鳥、也不種、也不收、也不積蓄在倉裏、你們的天父尚且養活他‧你們不比飛鳥貴重得多麼。」（馬太福音 6:26）丁若鏞結合基督宗教與儒學，發展出獨特的朝鮮實學哲學系統，實爲東亞哲學對比較哲學研究的一大貢獻。

要單挑嗎？花郎道與武士道

討論

1. 有無一些情況下使用暴力是合理的？
2. 暴力能解決什麼問題？暴力會製造什麼問題？

　　人類歷史無法擺脫暴力與戰爭；「永久和平」只是哲學家的空想。1795 年，康德出版《論永久和平》（*Zum ewigen Frieden. Ein philosophischer Entwurf*）一書，說明人如何能夠維持永久的國際和平；但諷刺的是，本書寫作與出版之時間，正值法國大革命（1789-1799），而 1804 年康德逝世的一年，正是拿破崙加冕稱帝，開始東征西討的一年。永久和平根本只是空想。

　　相對之下，東亞哲學就現實得多，畢竟東亞哲學最初的出發點是關心人倫與政治。儒家、墨家、佛教等東亞哲學，固然在原則上反對暴力與戰爭，但也認同在特定的情況下，人擁有使用暴力的正當性：例如自衛還擊，拯救他人，推翻暴政等。簡單來說，東亞哲學沒有一刀切的非暴力。

　　在這種背景之下，東亞歷史就出現了兩種特殊的武人思想：新羅的花郎道，以及日本的武士道。

何為花郎道？

　　花郎道是新羅（西元前 57—西元 935）時期朝鮮半島武官階級（花郎）的軍事思想，以佛教僧人圓光法師所提倡的花郎五戒爲綱：

1. 事君以忠（사군이충 sangun ichung）
2. 事親以孝（사친이효 sachin ihyo）
3. 交友以信（교우이신 gyou isin）

4. 臨戰無退（임전무퇴 imjeon mutoe）

5. 殺生有擇（살생유택 salsaeng yutaeg）

何為武士道？

根據新渡戶稻造（1862-1933）的定義，武士道就是「一套武士應該遵受的道德戒律」。（《武士道》頁 3）

新渡戶稻造認為，武士道的道德價值分別來自佛教禪宗、神道教及儒家。他認為，禪宗主張一切皆虛幻，神道主張忠君愛國，因為天皇被視為天照大神的後代而當受尊崇。

然而，如果我們仔細考察新渡戶稻造所列出的武士道道德價值，就可以發現，它們事實上跟佛教及神道相關性不大，反而跟儒家相關：

1. 義：根據理性而行正當之事。

2. 勇：堅決行義而無恐懼。

3. 仁：惻隱之情。

4. 禮：尊重他人。

5. 誠：誠實，表裡如一。

6. 名譽：對自己身分的意識。

7. 忠

圖表 60 武士道的價值以忠為中心

上述用字不少都是儒家用語，然而新稻戶的解釋卻跟儒家有顯著出入。

例如仁，新稻戶引用詩經「殷之未喪師、克配上帝」（《詩經·大雅》〈文王〉）及大學「民之所好好之，民之所惡惡之，此之謂民之父母」，定義「仁」為親情：主公視部下如子女，就是仁的體現。然則新稻戶把「仁」局限在有差別的親情之中。然而仁不僅只有親情之一面，亦有普遍之一面。孟子所言「今人乍見孺子將入於井」所生的惻隱之心，即無親疏之別，孟子是據此定義仁，然而新稻戶卻未有就此作出討論。可見武士道借用儒家的概念，卻偏離儒學。

又例如誠，新稻戶將《中庸》「誠者，物之終始，不誠無物」簡化成表裡如一，鄙視說謊，而忽略儒家對「誠」背後納入的哲學理論討論：誠本是指真實地反映人性的善，因而引伸理學跟心學對實現人性的爭論。

新稻戶將名譽說成是道德意識的開端，更是儒、佛、神道從未主張過的新學說。新稻戶認為「名譽感」引伸出武士對「個人尊嚴與值值的具體意識」（《武士道》頁51）因此，武士「拒絕在其年幼時為絲毫的侮辱而妥協。」（《武士道》頁51）名譽感使武士意識到自己是一個應受尊重的道德主體，並意識到「不尊重人」是大罪，所以是道德意識之始。這跟孟子以惻隱之心仁之端也作為道德意識起始的理論相去甚遠。

而新稻戶對忠的說法最具爭議性。新稻戶反對西方個人主義，認為武士透過對主公的忠誠展現其道德主體。武士視家族與個人密不可分，因兩者「以親情……連繫在一起。因此，若我們為我們自然所愛（如動物所擁有的愛一樣）而死，有何不可？」（《武士道》頁60）故新稻戶主張，武士為實現自己，最終只能體現於效忠其所愛的主公。沒有忠，武士就無法實現其道德價值。所以某程度上忠才是武士道道德價值的核心。

然而，新稻戶所言武士與主公的關係，都是非常單向、下級對上級的責任，卻對上級對下級的責任隻字不提。這跟儒家要求「君使臣以禮，臣

事君以忠」的雙向道德要求並不相符。

那麼為何有人仍聲稱武士道來自陽明心學呢？

新稻戶認為武士道在兩方面體現了王陽明的主張：

知行合一：對道德的認知應與道德實踐結合。因此武士不反對讀書（事實上，新井白石聲稱日本儒者是文武兼學），但反對只進行抽象的理論研究，重視實踐。

道德主體性：日本陽明學者三輪執齋認為：「天地萬物之主宰，居於人心，成為人心。故心為活物而常照。」（天地生々の主宰、人にやどりて心となる。故に心は活物にして、常に照々たり）因此，武士道不強調一套成文的客觀道德規則，而是強調武士根據個人處境作出道德判斷：在這處境下應如何盡忠。

武士真的能夠透過「盡忠」展現其自主性嗎？

從當代哲學的角度來說，不行。讓我們以 1703 年元祿赤穗事件為例子分析。

1701 年，東山天皇遣使江戶，時任德川幕府將軍德川綱吉（1646-1709）隆重其事，舉行盛典款待來使，命令赤穗藩大名淺野長矩負責招待賓客，又命令擔任高家的吉良義央為其監督。吉良不斷向淺野苛索賄賂，但淺野堅拒，於是吉良不斷公然侮辱淺野，淺野終於忍無可忍，公然在典禮場合意圖斬殺吉良。吉良大難不死，但德川綱吉大怒，下令判處淺野切腹，並廢除赤穗淺野家武士名分，奪去其封地。赤穗潘淺野家名下的武士因而成為浪人。

若從儒家角度，我們可以批判淺野的行為過火；固然，吉良受賄不成而公然侮辱淺野，實為不義，但淺野竟然只是因為自己「名譽受損」而意圖殺人，不是不仁嗎？武士將「名譽」無限放大，合理化其不對等的武力

手段，實爲當代儒家難以接受。

此處我們亦可以發現，在當時的法律裡，武士的身分完全依附其主公；主公被廢，武士一夕之間淪爲浪人。這是武士沒有自主性的例證。

於是，1703 年，46 名原赤穗潘淺野家的武士於夜晚突襲吉良家宅，斬殺吉良義央在內 14 人。事後，46 浪人被捕。如何判決 46 浪人，成爲當時日本儒者的論爭所在。

朱子學門人傾向同情 46 浪人，希望可以赦免其死罪。

林鳳岡和室鳩山認爲念在 46 浪人忠勇，應赦其罪。

林鳳岡寫下《復讐論》從儒學角度歌頌 46 浪人忠義之舉。室鳩巢所著，記載此事始末的《赤穗義人錄》亦讚美 46 浪人。

然而，主張忠於四書的古學派卻反對，認爲 46 浪人殺人有罪，當判處切腹。荻生徂徠及太宰春臺認爲謀殺是重罪，但爲維持 46 浪人的武士尊嚴，應判以切腹之刑。此處不難發現當時日本儒者的限制：他們未有批判淺野及 46 浪人所採用的武力程度是否適當。被人侮辱就等於要殺人嗎？主公被害死就等於要殺死對方 14 人嗎？這已經不是「以眼還眼」的程度，而是「以頭還眼」的程度：即受害與報復嚴重不對等。

將軍德川綱吉不知如何判決，於是拜訪公辨法親王，問道：「赤穗諸士，忠烈無比。殺之可惜，不殺則廢法。將如之何？」公辨法親王卻不言。綱吉奇怪，公辨法親王才回答：「將軍之意，蓋欲使吾救諸士也。吾以爲此輩而不死，不足以成萬世之名，所以不答也。」

結果，綱吉判處 46 浪人切腹之刑。

就此案例，張崑將如此分析江戶時代的禮法觀念：「武士爲藩主盡忠是『小忠』，『小忠』不能違背國家律法的『大忠』。可見，武士對身體沒有自主性，必然依附在主君或更高的主君之上，最後全然歸屬於『忠的倫常』之國體。」（張崑將〈國體與身體之間：朝鮮與德川的「禮」、「法」比較〉《日本倫理觀與儒家傳統》頁 61）

　　赤穗 46 浪人一事突顯出武士所謂的「忠」的實踐完全依附於主君，無自主性；無論新稻戶如何辯解，武士道抑壓個人道德自主是不爭的事實。這正是今日重視個人自主性的社會無法接受武士道的主因。武士道嘗試合理化江戶時代武士的生活方式，卻無法符合儒家以及當代社會的道德標準。

「忠忠直直，終須乞食；奸奸狡狡，朝煎晚炒」？德福一致的問題

討論

1. 你認同「忠忠直直，終須乞食；奸奸狡狡，朝煎晚炒」嗎？為什麼？
2. 道德跟幸福有何關係？

粵語俗語有云：忠忠直直，終須乞食；奸奸狡狡，朝煎晚炒。這句俗語在慨嘆善有惡報、惡有善報的悲劇事實。如果好人無好報，惡人有好報，那麼實踐道德為有何意義呢？我為何還要做好人呢？這正是古今中外哲學家共同關心的問題，也就是所謂德福一致的問題。

在古希臘的德性倫理學裡，柏拉圖簡單地以為「善有善報、惡有惡報」是必然的，主張人充分實現四樞德就可以得到幸福。但亞里士多德指出，德性只是幸福的必要條件，最終人能否得到幸福視乎其他外在因素。亞里士多德正視了好人無好報、惡人有好報的悲劇現實，卻未有提供任何具體解決方案。

相反，在東亞哲學，儒家和墨家積極地回應德福一致的問題。儒家承認命限，認為人在實踐道德是仍會面對天命的限制，然而由於最終人的性善是與天道相通，所以儒家認為「善有惡報、惡有善報」的扭曲現象只是暫時性，最終還是會天理循環，報應不爽。這種觀點最早見於《周易》：「積善之家，必有餘慶；積不善之家，必有餘殃。」（《周易·坤卦》）

墨家卻相反，力主非命，否定以命運解釋德福一致，而是引入「天志」的審判來證明善有善報、惡有惡報。「愛人利人，順天之意，得天之賞者有之；憎人賊人，反天之意，得天之罰者亦有矣。」（《墨子·天志中》）此說非墨子獨創，而是出自《尚書》及《詩經》的上帝審判觀，如「予惟聞汝眾言，夏氏有罪，予畏上帝，不敢不正。」（《尚書·湯誓》）及「皇

矣上帝、臨下有赫。監觀四方、求民之莫。」（《詩經‧皇矣》）

道家卻不追求德福一致，而是從價值上否定對德的追求，接受善有惡報、惡有善報的事實。「天地不仁，以萬物爲芻狗；聖人不仁，以百姓爲芻狗。」（《道德經》5）

無獨有偶，神道教呼應道家，同樣不接受善有惡報、惡有善報，甚至日本國學家本居宣長更批判儒佛的德福一致報應觀念。正如之前神道教的章節所言，本居宣長認爲，善神降福、惡神降禍，都是無情的，不會考慮人間的善惡。在道家及神道教眼中，世界就是禍福無常。

在華夏民間信仰的渲染以及部分香港網臺宣傳的扭曲下，佛教常常被理解爲一種主張「因果報應」之宗教：就算今世善有惡報、惡有善報，惡人最終會在下世有惡報（下地獄），善人最終會在下世有善報。然而，這是對佛學的嚴重曲解。根據民間信仰的「報應」說，一人前世善因惡因導致此人今世之善果惡果，即使是前世之一人跟今世之一人同爲一人。這就是假設了靈魂不滅：前世、今生和來世的「我」都是同一個永恆不滅的我。這卻違反了佛學「無我」的基本教義：自我意識是緣起緣滅，人死後自我已消失，既然如此，何來前世的我、今生的我和來世的我？三個我根本不是同一個我。所以，原始佛教的因果觀實爲：前世一人的善因惡因，可能爲前世此人或他人帶來善果惡果，也可能爲今世其他人帶來善果惡果，但重點是業力不可思議：我們固然可能承受自己行爲的善果惡果，但「業報」更可怕的是跟我們似乎毫不相關的善因惡因也會爲我們帶來善果惡果。正是由於業報對整體人類之可怕，所以佛教才致力去除惡因，希望從輪迴中得解脫。這樣一來，佛教其實沒有主張善有善報、惡有惡報，反而承認了「忠忠直直，終須乞食；奸奸狡狡，朝煎晚炒」的事實，然後以脫離業報輪迴的方式避免此問題。

西方哲學的功利主義則相對容易解決德福一致的問題。由於功利主義認爲帶來最大的幸福就是善，因此道德與幸福的目標變得一致。然而，這

卻衍生個人幸福與社會幸福的張力：「忠忠直直，終須乞食；奸奸狡狡，朝煎晚炒」是針對個人的幸福問題而言。一人犧牲自己，爲社會帶來最大幸福，因而被視爲善人，本身卻遭遇不幸，那對這個人來說，不就是德福不一致了嗎？他爲何要犧牲自己的幸福以完成社會的幸福呢？他爲何不反過來爲了自己的幸福而犧牲社會的幸福？於是神學功利主義又走上跟墨家一致的結論，訴諸於上帝審判：「因爲上主知道義人的道路，惡人的道路、卻必滅亡。」（詩篇 1:6）

　　德福一致對於康德這些義務論哲學家是一大難題，因爲他們堅信道德是義務，與幸福無關，然而卻又難以接受善有惡報、惡有善報的事實，故此仍回到基督宗教的傳統，假定有上帝的末世審判以賞善罰惡。這種基督宗教的處理手法受到新儒家哲學家牟宗三批評。在《圓善論》裡，牟氏認爲基督宗教的上帝是外在的超越者，是「虛妄」的，不似自己內在的道德自覺那麼「實在」。於是牟氏從人心的角度思考如何實現德福一致：

　　心意知遍潤而創生一切存在同時亦函著吾人之依心意知之自律天理而行之德行之純亦不已，而其所潤生的一切存在必然地隨心意知而轉，此即是福——一切存在之狀態隨心轉，事事如意而無所謂不如意，這便是福。這樣，德即存在，存在即德，德與福通過這樣的詭譎的相即便形成德福渾是一事。（牟宗三，《圓善論》頁 325）

　　然而，杜保瑞批評：

　　牟先生理論藉無限智心在心意知物渾淪不分中讓主體自己感覺幸福，今生就得福，但並不是富貴、長壽、健康之幸福，而是自己的化境無心之心態而已。並沒有藉由對存在的改變而改變了自己，而是提升自己的境界以改變自己對存在的感受而已。這並不是康德義的對存

在的處理以保證「德福一致」的理論模式，只是牟先生自創的「詭譎」
的模式。（杜保瑞〈對牟宗三在《圓善論》中建構儒家「德福一致」
說的方法論反思〉）

　　牟氏所說的德福一致已完全偏離了康德所言的德福一致。本來康德討
論的是事實上的福禍，但牟氏卻轉為討論「心態上」、「心境上」的幸福
感，根本無力改變事實上善有惡報、惡有善報的問題。

　　儒家如果真的要正面解決康德所言的德福一致問題，也只能走一條宗
教的道路：例如跟墨家一樣，上溯至《尚書》、《詩經》傳統中的賞善罰
惡的「上帝」。如此一來，儒家的上帝觀就跟猶太─基督宗教的上帝觀變
得接近，這也正是明末天主教傳教士以來基督宗教本色化的基本進路，即
以《尚書》、《詩經》的上帝觀去解釋《聖經》的上帝觀。但這進路是新
儒家無法接受的，因為新儒家不承認外在的上帝，只承認一心、性相通、
去人格化的「天」，以強調道德自主及主體性。另一進路，就是索性將心
性論發展到最極端，把聖人說成是與天道合一，能夠控制自己福禍的「超
人」，保證自己善有善報、惡有惡報。因為中庸說：「自誠明，謂之性；
自明誠，謂之教。誠則明矣，明則誠矣。唯天下至誠，為能盡其性；能盡
其性，則能盡人之性；能盡人之性，則能盡物之性；能盡物之性，則可以
贊天地之化育；可以贊天地之化育，則可以與天地參矣。」可是，如果人
將「誠明」的「參贊天地」極端地詮釋為誠明的工夫能使人最終與天道合
一，就變得偏離儒家，變成「練仙」的道教了。儒家不怪力亂神，不挑戰
天命，但把人說成能夠與天合一、控制命運，即與此相違。由此看來，儒
家難以克服德福一致的問題。

　　上述的討論或多或少在倫理學問題上帶出西方近代哲學難以逃出基督
宗教框架的原因。即使近代哲學家極力去神學化、去宗教化，不想再凡事
訴諸上帝，始終仍發現自己無法解決德福一致的問題，因此把基督信仰的

上帝審判觀限定在德福一致這狹小的空間裡。信義宗所生的康德義務論和聖公宗所生的功利主義在道德標準及價值定義上勢成水火，但仍在德福一致的問題上回到上帝那裡。對於無神論者來說，他們除非能夠提出另一人或物取代上帝，成為審判者，保證德福一致，否則就只能接受殘酷的現實：善有惡報、惡有善報。

在德福一致的問題上，我們看見了哲學與宗教各自的限制。西方所言之審判，或是東方所言之報應，都是宗教信仰，已經超越哲學的範疇了。哲學所提出的問題，哲學本身不一定能解決；哲學雖然挑戰宗教權威，卻不等同哲學要全盤否定宗教的價值和意義。反之，哲學應時刻反省哲學本身，以檢視哲學的限制。

延伸閱讀

金忠烈，《高麗儒學思想史》臺北：三民書局，1992。

牟宗三，《圓善論》臺北：學生書局，2019。

康德著、李秋零譯，《實踐理性批判》，臺北：五南圖書出版，2019。

蔡振豐、林永強編，《日本倫理觀與儒家傳統》，臺北：國立臺灣大學出版中心，2017。

新稻戶渡造著、張俊彥譯，《武士道》臺北：笛藤出版，2008。

丁若鏞，《與猶堂全書》據韓國文集叢刊 DB 本，2022 年 8 月 3 日截取自：http://db.mkstudy.com/zh-tw/mksdb/e/korean-literary-collection/book/reader/8793/?sideTab=toc&contentTab=text&articleId=1264577

第十章　做正經事！政治哲學篇

君權神授說

誰有資格成為統治者？

在古代，統治者往往將自己的統治合法性訴諸宗教。例如在日本，日本武尊於《日本書紀》對蝦夷人自稱為現人神（「吾是現人神之子也。」）；直到日本戰敗後昭和天皇發表《人間宣言》之前，天皇一直被奉若神明。相對之下，古代華夏君主不敢自稱為神，只敢自稱自己為天命所歸，是「天子」。以天命作為推翻前朝君王、稱帝的說法，最早見於《尚書》商湯解釋自己為何要推翻暴君夏桀：

> 格爾眾庶，悉聽朕言，非臺小子，敢行稱亂！有夏多罪，天命殛之。今爾有眾，汝曰：『我后不恤我眾，舍我穡事而割正夏？』予惟聞汝眾言，夏氏有罪，予畏上帝，不敢不正。今汝其曰：『夏罪其如臺？』夏王率遏眾力，率割夏邑。有眾率怠弗協，曰：『時日曷喪？予及汝皆亡。』夏德若茲，今朕必往。（《尚書・湯誓》）

同樣，在西方，猶太教與基督宗教亦認為君王是由上帝所揀選，例如《舊約聖經》聲稱大衛王是上帝所膏立：

> 上主賜極大的救恩給他所立的王、施慈愛給他的受膏者、就是給大衛和他的後裔、直到永遠。（撒母耳記下 22：51）

受君權神授說的歷史影響，時至今日，在基督宗教君主立憲制的國家舉行新王登基大典時，君王誓詞上往往寫道「藉上帝的恩典」（by the

Grace of God）。不過，今日歐洲已無國家將君權神授寫入憲法，「藉上帝的恩典」亦可僅被理解爲人民向上帝祈求君王得到上帝祝福而已。

　　君權神授說的最大問題在於：誰有權詮釋上帝的意旨呢？你說你是天命所歸，我說我是天命所歸，根本無判斷標準。如果我們將判斷「誰爲眞命天子」的權力交付宗教的神職人員，那麼神職人員就會掌握極大的政治權力，因而腐敗。進入近代社會，隨著人類期望以更客觀的制度規定權力交接與繼承，君權神授亦被淘汰了。

中國的治道：德化、道化和物化

討論
為何古代中國政治沒有民主呢？

政道與治道

在《政道與治道》裡，牟宗三提出「政道」與「治道」的區分，去解釋中國政治。政道是指政權的方法，而治道則是指管治的方法。牟宗三參考亞里士多德的區分，將政制分成封建貴族政治、君主專制政治，以及立憲民主政治（包括君主立憲與共和）。

> 政道者，政治上相應政權之為形式的實有、定常的實有，而使其真成為一集團所共同地有之或總持地有之之「道」也。（《政道與治道》頁 23）

牟宗三批評，中國古代只有封建貴族政治或君主專制政治，而其取得政權的方式，往往只依靠貴族或帝王的「德或力」（《政道與治道》頁 2），無客觀制度可言，然後以世襲制傳位。然而，牟宗三認為這不算是「政道」，因為世襲欠缺客觀的法律制度，只是根據主觀的道德情感「親親」把帝位世襲。結果，當帝王德性不足、力量不足，就很容易被暴力革命推翻，改朝換代。

牟宗三認為，古代中國的政治哲學只有治道：

1. 儒家：德化的治道
2. 道家：道化的治道
3. 法家：物化的治道

基於牟宗三對墨家的輕視，上述分類忽略了墨家。

何為德化的治道？

儒家所言之德化，是指以禮樂教化，實現親親和尊尊兩種價值，以維持「倫常」。後來孟子進一步為親親和尊尊這些道德價值尋找更高的來源去支持它們的正當性，這就是心性和天道。但荀子反其道而行，認為親親、尊尊只是無道德價值的情感，把重點落在如何管理和控制這些情感以維持社會穩定。

何為道化的治道？

道家所言之道化，是由於深感禮崩樂壞的社會裡禮樂制度的無用，因而對人文徹底否定，主張「道法自然」，「無為而不為」，讓各物各適其性，不加以干預。

何為物化的治道？

法家所實行的物化將政治抽離於主觀的個人人格問題，單純處理客觀、普遍的「共同事務」，將人當成是物件一樣，毫不帶感情。牟宗三對法家物化的治道作出嚴厲批評，指出：

> 成德的孝弟、尚賢、庠序之教，以及落在個人生活幸福的王道，他們不甚注意，主要用心亦不在此。他們的目的在成事功、共同事務之功。所以「為政以法」的治道，確是直接符合政治的意義，因為政治運行的範圍就是共同事務的領域，政治的本質就是客觀性的，依法而行的東西。（牟宗三《政道與治道》頁 44）

　　然而，牟宗三亦指出，重視共同事務和事功本來不一定與成德有矛盾。例如政府為解決「水患」這一共同問題，興建水利工程，就是處理事功，然而這處理事功的最終目標，是為了使人民免於水患，使人民生活幸福。在此情況下，事功是成德的手段，成德是事功的目的。但落入慎到、申不害與韓非子手上以後，事功就淪為維護君主專制的手段而已，而跟道德價值無關。這正是牟宗三反對晚期法家的原因。下一章我們將詳細討論法家思想的「物化治道」。

法家的物化治道

制訂法律的目的是什麼？

　　法律到底是爲保障人民權利還是爲維護統治者權威而立呢？雖然，在今日世界民主憲政思想影響下，我們很容易認爲是法律是人民與政府之間的契約，旨在保障各人權利（見第十一章），但是對於法家以及今日某些國家來說，法律只是維持管治的工具。儒家以德定義道德，墨家以兼相愛交相利定義道德，法家卻以法律定義道德。

　　法家在春秋戰國時代發展，可以分成早期、中期與晚期：早期法家相對仍關心以法實現人民福祉，代表人物有管仲（西元前 725-645）、李悝（西元前 455-395）和子產（西元前？-522）；中期法家則分成重法、重術及重勢三派：重法派以商鞅（西元前 390-338）爲代表，重術派以申不害（西元前 420-337）爲代表，重勢派以愼到（西元前 395-315）爲代表。晚期法家以集大成的韓非子爲代表。秦國用法家，促成統一天下霸業，然而秦國推行法家的苛政亦令秦國最終迅速滅亡。

何爲法、術、勢？

法

　　齊國宰相管仲認爲，法以賞罰、確定分工以及命令：

法者，所以興功懼暴也。律者，所以定分止爭也。令者，所以令人知事也。（《管子・七臣七主》）

　　然而，管仲認爲，「明王」用法的時候必須審慎，不能徇私枉法，以免引發民怨：

> 明主者，一度量，立表儀，而堅守之，故令下而民從。法者，天下之程式也，萬事之儀表也。吏者，民之所懸命也；故明主之治也，當於法者賞之，違於法者誅之，故以法誅罪，則民就死而不怨。以法量功，則民受賞而無德也，此以法舉錯之功也；故明法曰：「以法治國，則舉錯而已。」（《管子‧明法解》）

　　所以，對於管仲來說，法律本身就是道德規範（儀表舉錯），與道德乃一體，而法律的目的更是爲了「牧民」這一政治道德理想，希望法律可以使民修禮行義：

> 凡牧民者，欲民之有義也；欲民之有義，則小義不可不行；小義不行於國，而求百姓之行大義，不可得也。⋯⋯民之修小禮、行小義、飾小廉、謹小恥、禁微邪、治之本也。凡牧民者，欲民之可御也；欲民之可御，則法不可不審；⋯⋯法者，將用民能者也；將用民能者，則授官不可不審也；授官不審，則民閒其治；民閒其治，則理不上通；理不上通，則下怨其上；下怨其上，則令不行矣。（《管子‧權修》）

　　因此，作爲早期法家，管仲對「法」的概念，似乎仍與儒家共享周朝的禮法傳統，即承認法律是道德教化的工具，並會畏懼民怨。然而，與儒家不同，管仲直接視法律爲道德規範本身，而孔孟儒家卻將仁義的道德情感視之爲獨立以及更根本的道德價值。

　　儒家重視主觀的道德情感，但法家正好相反，反覆強調君民皆稱維護

客觀的社會規範，因為禮法本身就是為了立公義。慎到說：

> 權衡，所以立公正也；書契，所以立公信也；度量，所以立公審也；法制禮籍，所以立公義也。凡立公，所以棄私也。明君動事分功必由慧，定賞分財必由法，行德制中必由禮。（《慎子‧威德》）

　　所以慎子認為，禮法並非為了教化人民如何表達個人道德情感，而是要處理公共事務：「凡立公，所以棄私也」，就說明法家重公輕私。

　　然而，落入商鞅手上後，法就不再單純是「立公棄私」和「儀表舉錯」，而是變成實現中央集權、維護君主專政的統治工具，更主張嚴刑峻法（如諸殺三族）：

> 國之所以治者三：一曰法，二曰信，三曰權。法者，君臣之所共操也；信者，君臣之所共立也；權者，君之所獨制也。人主失守，則危；君臣釋法任私，必亂。故立法明分，而不以私害法，則治；權制獨斷於君，則威；民信其賞則事功成，信其刑則姦無端。（《商君書‧修權》）

> 所謂壹刑者，刑無等級。自卿相將軍以至大夫庶人，有不從王令，犯國禁，亂上制者，罪死不赦。有功於前，有敗於後，不為損刑。有善於前，有過於後，不為虧法。忠臣孝子有過，必以其數斷。守法守職之吏，有不行王法者，罪死不赦，刑及三族。同官之人，知而訐之上者，自免於罪。無貴賤，尸襲其官長之官爵田祿。故曰：「重刑連其罪，則民不敢試。」民不敢試，故無刑也。（《商君書‧賞刑》）

　　商鞅再不強調牧民，避民怨等考量，而是強調「權利獨斷於君」。不過，商鞅仍然認為，這樣對人民有好處，因為他假定君主以法治國最終促

進人民福祉,是君主表現其「愛民」的方式:

> 法者,所以愛民也;禮者,所以便事也。是以聖人苟可以強國,不
> 法其故;苟可以利民,不循其禮。(《商君書·更法》)

到了韓非子,「牧民」的本意已完全盡失,雖韓非子聲稱法治利民,然而利民之方法竟然是用嚴刑對待人民:

> 法者,憲令著於官府,刑罰必於民心,賞存乎慎法,而罰加乎姦令者也。(《韓非子·定法》)

為何韓非子會覺得迫害人民是為人民好,順從民意反而對人民不好?因為他從根本上否定人性,主張性惡,認為順從人欲一定導致混亂,唯有以賞罰威迫利誘,天下才得治:

> 夫嚴刑重罰者,民之所惡也,而國之所以治也;哀憐百姓、輕刑罰者,民之所喜,而國之所以危也。(《韓非子·姦劫弒臣》)
> 人之治民,度於本,不從其欲,期於利民而已。……夫國之所以強者,政也;主之所以尊者,權也。故明君有權有政,亂君亦有權有政,積而不同,其所以立異也。故明君操權而上重,一政而國治。故法者,王之本也;刑者,愛之自也。(《韓非子·心度》)

留意,韓非子口裡說利民,卻說治民不從其欲,跟他的老師荀子所說的養欲完全背道而馳。荀子同樣主張性惡,卻認為應用禮義去導正本為惡的性情,照顧人民合理的欲望(有所養),使之「化性偽善」。反之,韓非子把嚴刑說成是「愛之本」,簡單來說,他就是認為:我主張嚴刑峻法

對付百姓，也是爲了百姓好啊。你覺得這種說法有說服力嗎？

術

術，本解方法；在政治上，就是指用人之方法。申不害本身沒有定義「術」，卻列出各種君治臣的方法。不過，到了韓非子手上，這就變成君主隱藏於內心，以恐懼方式支配大臣的權術：

> 術者，因任而授官，循名而責實，操殺生之柄，課群臣之能者也，此人主之所執也。（《韓非子‧定法》）

韓非子甚至因而還批評管仲強調君臣溝通：

> 管仲之所謂言室滿室、言堂滿堂者，非特謂遊戲飲食之言也，必謂大物也。人主之大物，非法則術也。法者，編著之圖籍，設之於官府，而布之於百姓者也。術者，藏之於胸中，以偶眾端而潛御群臣者也。故法莫如顯，而術不欲見。是以明主言法，則境內卑賤莫不聞知也，不獨滿於堂。用術，則親愛近習莫之得聞也，不得滿室。而管子猶曰「言於室滿室，言於堂滿堂」，非法術之言也。（《韓非子‧難三》）

管仲主張「言於室滿於室，言於堂滿於堂，是謂天下王。」這就是說：在房間說話聲音充滿房間，在殿堂裡說話充滿殿堂，就是天下的君王。這裡管仲所指君王的說話，不僅只包括遊戲飲食的閒言，也包括國家大事。君王對臣下說話清晰，以確保政令傳遞清晰，君主意志得到切實執行。韓非子卻反駁，認爲大事只有兩種：法與術，但術必須「藏之於胸中」，以應對各種情況，暗中駕馭君臣。所以君主的眞正心意絕不可能讓臣得知；

君主反而要用模棱兩可的說話令臣下戒慎恐懼，恐怕君主喜怒無常，隨時被君主所殺。這是一種恐慌政治手段。

韓非對術的理解令法家思想出現一轉折。本來，管仲以來，法家強調立公棄私，法令要清晰明確，但這裡韓非竟然強調君王之私，凌駕於群臣甚至法理之上，變成法顯術隱。於是君王成為群臣恐懼的對象，而君王可以無法無理地隨意殺臣。

勢

勢，是人建立君主的威勢，使臣下畏懼；即使君王不及大臣賢明，亦能以勢維持其尊位：

> 賢而屈於不肖者，權輕也；不肖而服於賢者，位尊也。堯為匹夫，不能使其鄰家。至南面而王，則令行禁止。由此觀之，賢不足以服不肖，而勢位足以屈賢矣。（《慎子·威德》）

而韓非子的恐怖政治將君主權威進一步具體化為君主的生殺大權：

> 柄者，殺生之制也；勢者，勝眾之資也。凡明主之治國也，任其勢。（《韓非子·八經》）

韓非子總結前期及中期法家學說，主張法術勢合一：

一、法：法不阿貴，法作為客觀、理性的賞罰制度。反對儒家訴諸仁義或墨家訴諸兼愛之個人道德情感。

二、術：主張君主以隱蔽的權術制約臣民。因此韓非子喜愛道家老

子思想，引入道家的神秘色彩，將權術神秘化，儘管此舉已完全偏離
老子主張的無爲而治。

三、勢：反對賢人政治，主張得勢者爲王。毫不重視君臣的私德，
嚴禁以下反上。

爲了控制人民，韓非子主張以吏爲師：禁絕私學，又限制言論及出版
自由，有愚民政策之嫌：

> 儒以文亂法，俠以武犯禁，而人主兼禮之，此所以亂也。夫離法者
> 罪，而諸先生以文學取；犯禁者誅，而群俠以私劍養。故法之所非，
> 君之所取；吏之所誅，上之所養也。……故明主之國，無書簡之文，
> 以法爲教；無先王之語，以吏爲師；無私劍之捍，以斬首爲勇。是境
> 內之民，其言談者必軌於法，動作者歸之於功，爲勇者盡之於軍。是
> 故無事則國富，有事則兵強，此之謂王資。（《韓非子・五蠹》）

韓非子把法家由牧民之術變成是恐怖政治之術，正好呼應西方政治哲
學家霍布斯的主張。接下來的章節，我們將比較東西政治哲學主張，指出
由於哲學家對人性及社會「自然狀態」理解的出入，因而發展出不同的政
治哲學。

「自然狀態」與社會契約

討論

社會如何誕生？

沒有人知道原始人如何突然聚集，形成原始社會，更沒有人清楚了解未有文字的原始人如何生活。然而，對於政治哲學家來說，推想原始社會的「自然狀態」是一重要工作。因爲近代政治哲學家或多或少對當下政治處境有所不滿，因此他們要構想出當下處境與「自然狀態」對比。

如果他們假想「自然狀態」是正面的，他們就要解釋爲何自然狀態墮落成當下處境，以及應如何使當下處境更接近自然狀態。

如果他們假想「自然狀態」是負面的，他們就要解釋爲何自然狀態進化成當下處境，以及應如何使當下處境更遠離自然狀態。

如果他們假想「自然狀態」跟當下處境好壞參半，他們就要解釋自然狀態如何發展成當下處境，以及應如何取雙方的長處，建設新的理想狀態。

先秦儒家認爲自然狀態是正面的；《禮記》形容爲「大道之行也，天下爲公」、「大同」的時代，即一平等社會。

> 孔子曰：「大道之行也，與三代之英，丘未之逮也，而有志焉。」大道之行也，天下爲公。選賢與能，講信修睦，故人不獨親其親，不獨子其子，使老有所終，壯有所用，幼有所長，矜寡孤獨廢疾者，皆有所養。男有分，女有歸。貨惡其棄於地也，不必藏於己；力惡其不出於身也，不必爲己。是故謀閉而不興，盜竊亂賊而不作，故外戶而不閉，是謂大同。（《禮記·禮運》）

然而，孔子未有解釋何故，便立即說今「大道既隱，天下為家」。他只是主張：面對社會已變成以家族為單位，平等不復存的現實，儒者只好致力以禮維持「小康」的次理想狀態。孔子未有解釋為何當代社會不可能恢復大同。

> 今大道既隱，天下為家，各親其親，各子其子，貨力為己，大人世及以為禮。城郭溝池以為固，禮義以為紀；以正君臣，以篤父子，以睦兄弟，以和夫婦，以設制度，以立田里，以賢勇知，以功為己。故謀用是作，而兵由此起。禹、湯、文、武、成王、周公，由此其選也。此六君子者，未有不謹於禮者也。以著其義，以考其信，著有過，刑仁講讓，示民有常。如有不由此者，在勢者去，眾以為殃，是謂小康。（《禮記・禮運》）

反之，墨子認為自然狀態是負面的，因為未有明王聖人制定刑政前，人人自義，各人有自己的規矩，因而社會陷入混亂：

> 古者民始生，未有刑政之時，蓋其語『人異義』。是以一人則一義，二人則二義，十人則十義，其人茲眾，其所謂義者亦茲眾。是以人是其義，以非人之義，故文相非也。是以內者父子兄弟作怨惡，離散不能相和合。天下之百姓，皆以水火毒藥相虧害，至有餘力不能以相勞，腐臭餘財不以相分，隱匿良道不以相教，天下之亂，若禽獸然。（《墨子・尚同上》）

所以墨子主張「尚同」，由聖人一同天下之義，大家都追求兼相愛、交相利。

聖經對「自然狀態」的理解則不然。根據〈創世記〉，人類始祖亞當

與夏娃本來生活在伊甸園裡，有上帝的形象，與上帝同在，但因爲二人聽從蛇的誘惑，吃了分別善惡樹的禁果，因而墮落，被逐出伊甸園，要經歷生老病死和勞碌工作。這就說明「自然狀態」本是正面的；人要恢復這自然狀態，與上帝復合，就要認罪悔改，由基督拯救。

要留意，與中國哲學相反，聖經並無性善性惡的明顯立場。表面看來，聖經似乎同時主張性善及性惡：一方面上帝以「上帝的形象」創造亞當和夏娃，說明人類本來分享上帝的神性，既然神性爲善，即本有神性的人性亦爲善。但另一方面，亞當和夏娃犯罪墮落後，所有人都有罪性。如聖保羅曰：「世人都犯了罪，虧缺了上帝的榮耀。」（羅馬書3:23）人皆有罪，即人性爲惡。因此，基督新教加爾文主義者聲稱人性在亞當夏娃犯罪後「絕對敗壞」，斷定「上帝形象」已經失落，因而主張性惡，只是對聖經的其中一種片面理解，遭到天主教亞奎那主義者所批判。

在西方哲學裡，霍布斯（Thomas Hobbes，1588-1679）、盧梭（Jean-Jacques Rousseau，1712-1778）和洛克（John John Locke，1632-1704）則基於他們對自然狀態及人性的設想不同，從而提出三套不同的政治哲學：

> 霍布斯認爲自然狀態是負面的，而人性本惡，所以社會才出現專政國家維持和平。
>
> 盧梭認爲自然狀態無正負面可言，而人性亦無善無惡，建立國家只是爲了充分實現人的自由。
>
> 洛克認爲自然狀態是正面的，而人性本善，因此社會只是爲了有效運作才建立國家。

以下將就三者主張逐一解釋。

霍布斯在其著作《利維坦》以《舊約聖經》所描述的怪獸利維坦（Leviathan）形容國家。他認爲，由於人生而平等，在原始狀態，人性本

惡，自私自利，因而陷入戰亂：

> 任何兩個人如果想取得同一東西而又不能同時享用時，彼此就會成
> 爲仇敵。他們的目的主要是自我保全，有時則只是爲了自己的歡樂；
> 在達到這一目的的過程中，彼此都力圖摧毀或征服對方。（《利維坦》
> 第十三章第四節，付邦譯，頁 15）

霍布斯認爲，如果人人平等，而沒有人能制止他人動武，社會只會陷
入戰亂：

> 根據這一切，我們就可以顯然看出：在沒有一個共同權力使大家攝
> 服的時候，人們便處在所謂的戰爭狀態之下。……這種戰爭是每一個
> 人對每個人的戰爭。因爲戰爭不僅存在於戰役或戰鬥行動之中，而且
> 也存在於以戰鬥進行爭奪的意圖普遍被人相信的一段時期之中。因
> 此，時間的概念就要考慮到戰爭的性質中去，就像在考慮氣候的性質
> 時那樣。因爲正如同惡劣氣候的性質不在於一兩陣暴雨，而在於一連
> 許多天中下雨的傾向一樣，戰爭的性質也不在於實際的戰鬥，而在於
> 整個沒有和平保障的時期中人所共知的戰鬥意圖。所有其他的時期則
> 是和平時期。（《利維坦》第十三章第八節，付邦譯，頁 15）

國家以暴力壓制混亂，維持和平，但代價就是犧牲自己的自由和利
益，建立一個作爲整體人格的「國家」以武力威嚇手段維持和平：

> 這一人格是大家人人相互訂立信約而形成的，其方式就好像是人人
> 都向每一個其他的人說：我承認這個人或這個集體，並放棄我管理自
> 己的權利，把它授與這人或這個集體，但條件是你也把自己的權利拿

出來授與他，並以同樣的方式承認他的一切行爲。這一點辦到之後，像這樣統一在一個人格之中的一群人就稱爲國家，在拉丁文中稱爲城邦。這就是偉大的利維坦（Leviathan）的誕生……（《利維坦》第十三章第八節，付邦譯，頁 15）

不過，當獨裁者無法維持社會和平的時候，其統治合法性盡失，臣民再無義務效忠之，最後亦會在戰亂中被推翻。

如果一個君主或主權議會授與全體或任何臣民一種自由，而當這種授與成立，他就不能保衛臣民的安全時，那麼這種授與就無效，除非是他直接聲明放棄主權或將主權讓與他人。（《利維坦》第二十一章，付邦譯，頁 28）

盧梭在《民約論》則提出，由於人生而平等，而人性無善無惡，因此原始狀態只不過是野蠻，而非混亂狀態。盧梭認爲人與人最原始的關係是家族，而家族本身就是一種契約：

最初之自然社會即家族，然兒輩與父相依附，以其須保護之時爲限，當此需要既息，則此自然給合即解散。……若此時父親與兒此時之關係不解，則非自然的而爲情願的。故家族之結合，乃依協約之理。（《盧騷民約論》I.2 馬君武譯，頁 3）

盧梭認爲人的本性是維持自由，然而，當家族形成，人卻爲取得利益而犧牲自由：

尋常之自由，即人類本性之結果，其第一法律爲自我保護。其最初

注意，爲事物之屬己者。人類自主之年齡後，自能別擇保護之法，而
爲己身之主人。……家族爲政治社會之最初模型。主政者即父也，人
民即諸兒也。人民生於自由平等，爲自己利益之故，乃放棄其自由。
父愛其兒，兒還讓其父；主政者愛其人民，主政者之幸運，即在於是。
家族與政治社會之差異，如是而已。（《盧騷民約論》I.2 馬君武譯，
頁 3）

於是不平等與不自由便出現了，違反自然人性的獨裁政權漸漸形成。
但倒退回到沒有文明的自然狀態是不可能的，所以盧梭的解決方案就是以
「民約」爲基礎建立新政府，以實現人民的自由：

「今欲得一種結合之形不，合群族之全力，以保護群內各人之身命
財產，同力合作，不但自服從，且仍自由如前。」此爲以民約解決之
根本問題。……此契約之文字本性，至爲確定，稍與更改，即空之無
效力。此契約雖未經正式宣告，然無論在何處皆同一，皆經默許承認，
民約被侵犯，則各復其本來之權利，自然之自由，而失去協約之自由
矣。……（《盧騷民約論》I.6 馬君武譯，頁 14）

人建立國家以實現人的自由。因此政府與人民之間訂立了契約，即：
政府要實現人民的自由，一旦違約即被推翻。

洛克卻在《政府論》認爲，由於人生而平等，而人性本善，在原始狀
態，並無戰亂。在原始狀態，人尚無法律，僅以「自然法」作爲準則：

爲了約束所有的人不侵犯他人的權利、不互相傷害，使大家都遵守
旨在維護和平和保衛全人類的自然法，自然法便在那種狀態下交給每
一個人去執行，使每人都有權懲罰違反自然法的人，以制止違反自然

法為度。（《政府論》II.7）

然而，隨著社會發展，人人隨意而自行執行自然法以保護自己，就會演變成戰爭狀態：

> 因為基於根本的自然法，人應該盡量地保衛自己，而如果不能保衛
> 全體，則應優先保衛無辜的人的安全。一個人可以毀滅向他宣戰或對
> 他的生命懷有敵意的人。……因為這種人不受共同的理性法則的約
> 束，除強力和暴力的法則之外，沒有其他法則，因此可以被當作猛獸
> 看待，被當作危險和有害的動物看待，人只要落在牠們的爪牙之內，
> 就一定會遭到毀滅。……因此，誰企圖將另一個人置於自己的絕對權
> 力之下，誰就同那人處於戰爭狀態，這應被理解為對那人的生命有所
> 企圖的表示。因為，我有理由斷定，凡是不經我同意將我置於其權力
> 之下的人，在他已經得到了我以後，可以任意處置我，甚至也可以隨
> 意毀滅我。（《政府論》II.16-17）

為免人人自行執法，或是執法權被某人壟斷，人類需要把立法、行政權等分工以處理公共事務，人才建立國家，並立兩約：政府與人民之間的契約，以及人民與人民之間的契約，規定大家如何在公共社會裡相處。三者論說可以下表總結：

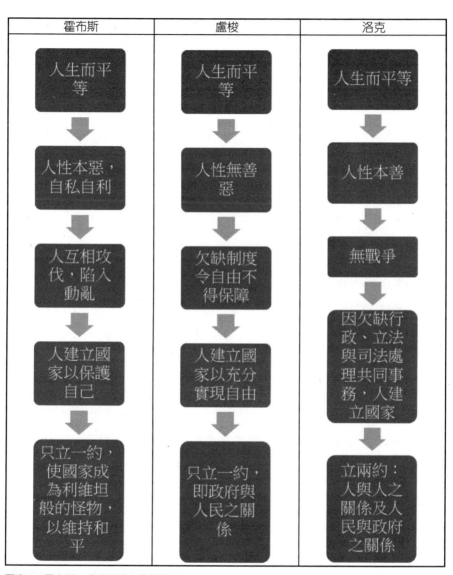

圖表 61 霍布斯、盧梭與洛克的契約論

　　然而，霍布斯、盧梭與洛克的三種契約論各存在明顯的問題，此處只針對其人性論各指出一點：

　　霍布斯認為人性本惡，社會陷入戰亂，最終出現君主專制以止亂。問題是：如果君主也是性惡，為何君主會「想」止亂？君主為何欲治惡亂？霍布斯可聲稱，君主維持和平也只是為了維持自己的權力欲，最終也是自私的，背後無善念可言。然而，建立君主專制的帝國，成本甚高，要招兵買馬，又要費盡心思收買人心；如果人人皆自私自利，不欲臣服他人，皆欲為王，則應天下人人自封為王，而非最終有一王獨尊。於是霍布斯只能將現存的專制說成是諸王互相攻伐後，強者憑實力得勝的偶然結果。但實力的內容又是什麼呢？是不是僅包括智力與武力呢？單純靠恐懼統治，真的符合人民的人性，可以長治久安嗎？又若然有一君王為維穩而「假仁假義」的收買人心，他又是利用什麼能力去克制自己的性惡，從而假扮性善呢？

　　盧梭跟洛克則面對難以解釋暴政為何形成。盧梭則認為人性無善惡，只是原始狀態不利人實現自由，因此人才要建立社會以實現自由。但為何人想實現自由呢？即使一人欲實現其個人自由是其天性，也不代表欲各人實現自由是人的天性。再者，如果「希望各人實現自由是人的天性」，這就說明盧梭假設人性善了，跟洛克一樣。既然性善，為何上古首先形成的國家都不是民主自由的國家，而是部落或貴族政治呢？洛克認為國家出現只是為了分權，以更好保障人民。然而，既然洛克認為自然狀態裡，人人本來已有自然法，為何有些人會忽然放棄遵守自然法，意圖取得絕對權力，令自然狀態陷入戰爭狀態呢？這不就正好說明其實人性並非如洛克所想像如此善良嗎？

　　說起政府及國家的合法性，不得不提憲政主義。當代世界以憲政為主流，下一節我們將詳細討論四種憲政思想及其得失。

憲政主義

上一節提到不同哲學家對於人性及自然狀態有不同的想像，因而得出不同的社會契約主張；本節將解釋盧梭、洛克與孟德斯鳩的憲政思想，以及他們對近代東亞哲學的影響。

「社會契約」一說由盧梭首先提出。盧梭認為，如果各人只根據其個人意志，追求個人利益，就會造成不平等與不公正。社會契約的目的是回復自由及平等，根據公共意志（法語：volonté générale）制憲立法，以追求公共利益（法語：l'intérêt général 或 le bien de tous）。公共意志與全體意志（volonté de tous）不同；全體意志只是所有人的個人意志（volonté particulière）的總和，而每個意志只各自為追求其自身利益，但公共意志卻是追求大家都受惠的公共利益。為了實現公共利益，盧梭主張實行直接民主制（Démocratie Directe），反對間接民主制（Démocratie Indirecte）。正如盧梭所言：

> 民約之精義，又可簡言之如下：「每箇人以本身及全力奉獻於公意監督之下，全族合一而不可分。」（《盧騷民約論》I.6 馬君武譯，頁 15）

可是，盧梭一說很容易形成多數人暴政的問題。盧梭高舉公共意志和公共利益，貶低個人意志及個人利益，那是不是代表：國家可以為了實現公共利益而犧牲部分人的個人利益呢？假設一國多數人透過民主公投，通過「把公園拆掉用來建垃圾焚化爐以處理全市垃圾」，而少數經常到公園晨運和玩耍的街坊反對，因為這公園是他們休憩的好去處，這方案有害他們的個人利益。但根據盧梭，這些街坊就是不尊重民主了，因為公共意志凌駕個人意志，所以政府要強行趕走這群反對拆公園的街坊。

　　另一問題是盧梭假定大眾總會是理性決策，而不會作出非理性的瘋狂決定。但事實證明大眾並非如此明知。2022 年 7 月 11 日，澳門政府無視全球已經決定與 COVID-19 病毒共存的事實及科學理據，竟然倒行逆施，實施所謂的全城「靜止狀態」，禁非必要工商業營業，禁堂食，禁「非必要」外出，甚至出外放狗大小便也要監禁兩年，還要隔天進行全民病毒檢測。面對如此荒謬的措施，竟得到不少民眾在澳廣視的電視訪問上表示支持政府的荒謬措施。如果你說沒有公正的民意調查，電視訪問不能作準，那我們仍可在歷史上尋找更多其他多數人作出嚴重錯誤決定的例子，例如 1933 年 3 月德國國會選舉中，納粹黨大獲全勝，得到民意授權，間接支持往後納粹黨種種惡行。這些人民顯然沒有根據理性令社會實現公共利益，而是令國家或社會走向自毀或反人性的結局。

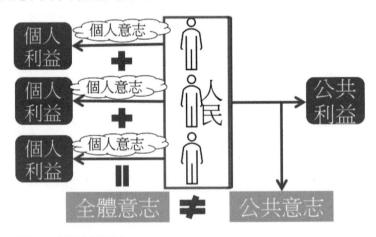

圖表 62　盧梭論公共意志

　　相對於盧梭強調公共利益，洛克更強調保障每一個個人的權利與利益，指出「政治權力就是為了規定和保護財產而制定法律的權利」（《政府論》II.1.3）。

　　洛克首先強調：在自然狀態裡，人生而平等：「一切權力和管轄權都是相互的，沒有一個人享有多於別人的權力。」（《政府論》II.2.4）

此外，受聖公會神學家胡克爾（Richard Hooker，1554-1600）的說法，認為在人人平等的基礎上，人有「互愛義務」，「並在這個基礎之上建立人們相互之間應有的種種義務，從而引伸出正義和仁愛的重要準則」，即為「自然法」（natural law）。（《政府論》II.2.5）洛克引用胡克爾，說：

> 如果我要求本性與我相同的人們盡量愛我，我便負有一種自然的義務對他們充分地具有相同的愛心。從我們和與我們相同的他們之間的平等關係上，自然理性引伸出了若干人所共知的、指導生活的規則和教義。（《政府論》II.2.5）

為了令每一個平等的人遵守自然法，在自然狀態裡，人人都是執法者，有權懲罰違反自然法的人。透過懲罰，每一個人掌握了支配他人的權力，這權力卻不是絕對的，只能根據理性和道德行使。

可是，當有任何人不根據理性和道德行使自然法的執法權，而是意圖取得絕對權力，就會發動戰爭，侵害他人，令社會陷入戰爭狀態。面對這些暴君，洛克主張基於自衛原則，人理應還擊：

> 一個人可以毀滅向他宣戰或對他的生命懷有敵意的人。他可以這樣做的理由就像他可以殺死一隻豺狼或獅子一樣。因為這種人不受共同的理性法則的約束，除強力和暴力的法則之外，沒有其他法則，因此可以被當作猛獸看待，被當作危險和有害的動物看待，人只要落在牠們的爪牙之內，就一定會遭到毀滅。（《政府論》II.3.）

為了制止任何人意圖破壞平等、侵害他人人權，自然狀態就向政治社會過渡，形成國家：透過建立「共同體」，「以謀他們彼此間的舒適、安全和和平的生活，以便安穩地享受他們的財產並且有更大的保障來防止共

同體以外任何人的侵犯。」（《政府論》II.8）但這共同體之出現的根本目的是爲了捍衛各人的權利，尤其是保護民眾財產（《政府論》II.9），故此這共同體絕不能反過來成爲侵害與壓抑各人權利的國家機器。

　　爲何人不能直接回到自然狀態，各人各自執行自然法，而需要建立政治社會呢？洛克認爲理由有三：

一、自然狀態欠缺人所共知的成文法律，作爲客觀的審判標準。
二、自然狀態裡欠缺一位公正的審判者。
三、自然狀態欠缺權力支持判決，使判決得以執行。

　　因此，洛克同意，在建構政治社會時，人民需要放棄兩種權利，以保障自己其他權利：

一、「爲了保護自己和其餘人類而做他認爲合適的任何事情的權力」
二、「處刑的權力」（《政府論》II.9）

　　但跟霍布斯將大部分權力也交付予政府相反，洛克限定只把立法權及執法權交出，目的也只是「出於各人爲了更好地保護自己、他的自由和財產的動機」，（《政府論》II.9.131）所以洛克對政府的授權乃是非常有限。

　　爲了避免政府權力過度集中，洛克提出國家應該將權力分立成立法權、執行權及對外權。其中，由於立法權制定法律「決定國家是什麼形式」，所以洛克認爲立法權爲三權中爲最高權力者。然而，立法權應受到以下限制：

一、根據法律平等地實行統治（《政府論》II.11.142）
二、法律的最終目的只有爲人民謀福利（《政府論》II.11.143）

如洛克所説：「Salus populi suprema lex〔民眾之利益是最高之法律〕，的確是公正的和根本的準則，誰真誠地加以遵守，誰就不會犯嚴重的錯誤。」（《政府論》II.13.158）

　　三、不能侵犯任何人的財產（《政府論》II.11.138）

　　四、不能把立法權轉讓（《政府論》II.11.141）

　　由於立法者只有集會制訂法律時才聚首一堂，因此洛克認為平時法律的執行就需要另外的執行者。而執行法律，又分成對國內的執行權及對國外的對外權。「前者包括在社會內部對其一切成員執行社會的國內法，而後者是指對外處理有關公共的安全和利益的事項」（《政府論》II.12.147）。

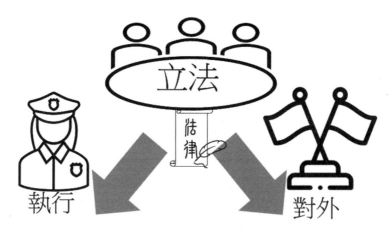

圖表 63 洛克三權分立

　　然而，洛克無獨立司法權之概念，認為司法權屬於行政權之中，反以把外交權獨立之，因而受到孟德斯鳩（Baron de La Brède et de Montesquieu，1689-1755）反對。孟德斯鳩的三權分立為行政權、立法權與司法權：

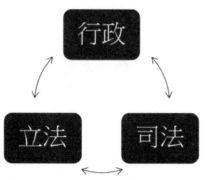

圖表 64　孟德斯鳩的三權分立

　　無論何等政府，其中皆有三權之分立，曰：立法之權，曰：行政之權，曰：刑法之權。行政者，執國家之憲典，以奉行庶政者也。刑法者，憑國家之刑章，以裁決庶獄者也。……為一國之君相師尹，議法令於朝堂，而頒之於其國，或為永建，或為暫立。不足者，補之。不便者，更之。凡此皆立法權之行也。（《論法意》卷十一，第六章，嚴復譯，頁5）

　　孟德斯鳩強調三權分立是為了保障公民的自由權利，而人權正是法律的根本基礎：

　　夫言一國之法制，徒取關於國群自由者而論之，未足也；必兼論其關於小己自由者，其義乃備。（《論法意》卷十二，第一章，嚴復譯，頁1）

　　有心理之自由，有群理之自由。心理之自由，哲學之所論也，其義無他，從心所欲而已，雖論此者，學派至多，而謂吾人有自主之志氣者，則所同歸也。群理之自由，法家之所論也。其義無他，安生樂業而已。雖附此者為義甚繁，而謂臣民有可保之身家，又其所一致也。（《論法意》卷十二，第二章，嚴復譯，頁2）

　　孟德斯鳩的三權分立學說成爲當代世界民主國家之主流，如美國憲法即以此爲據。部分國家則在三權分立的基礎上作出進一步的改良，發展成四權或五權，如匈牙利將檢察權獨立，是爲四權分立；中華民國憲法將監察權及考試權獨立，是爲五權憲法。

　　然而，三權分立的弊病在於政府的運作效率因而被大幅拖慢。行政內閣的預算案或立法案，須得立法議會討論及表決通過，方能實行；但實行後，民眾如對法案有所不滿，又可入稟司法機關作出司法覆核。

　　因此，相比起孟德斯鳩主張權力分立，黑格爾卻主張權力統合的君主立憲制。黑格爾認爲，國家作爲一個根據理性原則運作的主體，各權力之間的關係理應是分工合作，而非互相制衡，要不然國家就不再是一個「整體」而會四分五裂：

　　……每一種權力都敵視和害怕其他權力，反對它們像反對邪惡一樣；它們的職能就在於彼此之間互相抗衡，並通過這種抗衡而造成一個普遍均勢，可是決計不是促成一個有生命的統一。（《法哲學原理》第 272 節 433 頁；鄧安慶譯，412 頁）

　　因此，黑格爾提出以立法權、行政權及君主權的三權分工，並認爲君主乃統合權力以維持國家主權者：

　　政治國家就這樣把自己分爲三種實體性的差別：a）立法權，即規定和確立普遍物的權力；b）行政權，即使各個特殊領域和個別事件歸屬於普遍物的權力；c）君主權，即作爲意志最後決斷的主體性權力，它把被分開的權力綜合於個體的統一，因而這種統一性就是整體即君主立憲制的頂峰和起點。（《法哲學原理》第 273 節 435 頁；鄧

安慶譯，413-414 頁）

　　君王權本身包含整體的三個環節於自身（第 272 節）：國家制度
和法律的普遍性，作爲特殊之物對普遍之物之關係的咨議，和作爲自
我規定的最後決斷環節，所有其餘的東西最終都退回到這裡，它們的
現實性之開端也起源於這裡。這種絕對的自我規定構成君王權本身的
區分（unterschei- dende）原則，得首先加以展開。（《法哲學原理》
第 275 節 441 頁；鄧安慶譯，418-419 頁）

　　「國家制度和法律的普遍性」是指君主本身代表國體和憲法。這不難
理解；即使是今日的君主立憲國家，君主已無實權，仍被視作國家主權的
象徵，負責執行國家禮儀，如英女王伊莉莎白二世或日本天皇裕仁等。

　　「作爲特殊之物對普遍之物之關係的咨議」，所謂的普遍之物就是指
普遍的法律和理性，而特殊之物則包括人民不同的意願和利益，這就是說
君主化解兩者之張力，以團結國內不同的利益集團。當今比較類近的君主
立憲國有馬來西亞，馬來西亞最高元首由馬來統治者會議在九個世襲統治
者之中選出一名最資深者出任，可以說馬來西亞最高元首某程度上維繫了
各州屬的特殊利益與中央的普遍權力之關係。

　　而「作爲自我規定的最後決斷環節」，即說明君主擁有最終的決策權，
以統合行政與立法權。不過，這不代表黑格爾主張君主獨斷或專制，因爲
黑格爾強調國家是一個根據理性原則運作的整體，而君主只是國家這整體
之中負責進行「統合」工作的機關，而君主的「最終決定」必須服從法律
和理性，而非隨心所欲。此處君主之責職實類似法官，有斷疑、審判之權；
要做到這一點，君主本身就必須對法律有清晰理解，而且受到法律約束。
如此一來，我們可以說：由於君主權責甚重，黑格爾對君主的要求非常高。

　　今日世界政治的主流爲共和制，而非君主立憲制；即使是實行君主立
憲制，亦甚少是黑格爾式君主立憲，而是虛君共和，君主已無實權。然而，

晚清哲學家王韜認為君主立憲制比君主專制及民主共和更加優勝：

> 一人主治於上而百執事萬姓奔走於下，令出而必行，言出而莫違，此君主也。國家有事，下之議院，眾以為可行則行，不可則止，統領但總其大成而已，此民主也。朝廷有兵刑禮樂賞罰諸大政，必集眾於上下議院，君可而民否，不能行，民可而君否，亦不能行也，必君民意見相同，而後可頒之於遠近，此君民共主也。論者謂，君為主，則必堯、舜之君在上，而後可久安長治；民為主，則法制多紛更，心志難專壹，究其極，不無流弊。惟君民共治，上下相通，民隱得以上達，君惠亦得以下逮，都俞吁咈，猶有中國三代以上之遺意焉。三代以上，君與民近而世治；三代以下，君與民日遠而治道遂不古若。（《弢園文錄外編・重民下》卷一 22）

　　王韜認為，君主之國只有君主與堯舜一樣賢明才可能長治久安；而民為主，則法制混亂，朝令夕改。北韓長期由金氏一家主政（金日成、金正日、金正恩），國家經濟落後，更因人權問題及軍事威嚇南韓而長期受到國際制裁，正好反映了極權國家的弊病。近年，2020 年美國總統選舉的民主黨候選人拜登在選舉爭議下獲勝後，不斷推翻前總統特朗普的政令（與針對移民的法案），加劇國內政治陣營撕裂，即屬此例。而索馬里等非洲國家經常因為選舉爭議而導致內戰，其對國家的破壞更大。唯有「君民共治」居中，避免君主之獨斷及民主之混亂，做到「上下相通，民隱得以上達，君惠亦得以下逮」。君主作為憲法與主權的具體象徵世襲，使憲法與主權的持續性得以維持，不會因為行政或立法機關的政黨輪替而朝令夕改。可惜的是，王韜所追求的君民共主之國，不僅在今日世界少見，甚至在中國也未曾實現。哲學家所提出的理想政制，最終仍需要實現於世界，否則只會流於空談。

學習獨立思考，拒絕平庸之惡！

討論

本書接近尾聲了；看過之前的篇章後，你認為哲學對你有何幫助？

　　無論是東亞哲學還是西方哲學，都是在教導人反省。除了少數的哲學家主張人民應絕對服從政權（例如法家思想）以外，大部分哲學家所使用的哲學方法，即使不一定直接能應用於生活，也是主張人家要有獨立思考，不要人云亦云。例如知識論從古希臘哲學開始，就把經過自己驗證的知識（episteme）與人云亦云的意見（doxa）嚴格區分。而對於應用哲學及倫理學，包括政治哲學，獨立思考就更加重要。

　　獨立思考不代表專門跟他人或社會主流唱反調，而是代表不輕易接受外來資訊或說法。在這訊息紛擾、謠言滿天飛的網路時代，獨立思考尤其重要。所以獨立思考同時意味批判思考。邏輯學、知識論和形而上學對於批判思考的訓練，對於中學生及大學生來說很有幫助。這正是今日大部分大學都設立通識哲學課程的主因，而部分國家甚至在中學已設立必修（如法國）或選修（如英格蘭、日本、韓國等）哲學課程。

　　可是，不是所有國家都喜歡公民擁有獨立和批判思考的能力。之前我們學過霍布斯所說的「利維坦」。根據霍布斯，國家政府的威權僅來自於一個契約：人民犧牲其自由權利，以換取威權政府保障眾人的福祉與和平。一旦威權政府無法保障眾人的福祉與和平，契約即無效，政府統治合法性盡失，社會再度陷入戰爭狀態，直到新政府建立為止。然而，霍布斯一說仍假定了人民是理性的：他們有獨立和批判思考能力判斷什麼是福祉，什麼是和平，因此才能判斷什麼時候政府無法保障眾人的福祉與和平，需要反抗。

　　但如果人民失去獨立和批判思考，連福祉、和平等都任由威權政府定

義，那這個威權政府就會變一隻永續而絕對邪惡的利維坦：它根本沒有為人民帶來福祉與和平，實際上不斷侵害人民福祉或製造動亂，只是不斷欺騙人民它在帶來福祉與和平，以維持其威權統治合法性。

在英國作家喬治・歐威爾（George Orwell，1903-1950）的著名小說《1984》裡的獨裁政府大洋國，有如此的政治宣傳口號：戰爭即和平，自由即奴役，無知即力量（War is Peace, Freedom is Slavery, Ignorance is Strength）。這正是一個扭曲概念定義的例子。根據霍布斯的政治哲學，本來大洋國這種帶來戰亂的政權理應被推翻。但為何沒有發生在小說裡呢？因為人民的思想都被獨裁者扭曲了，正如這段口號一樣顛倒是非黑白。歐威爾稱此現象為雙想（Double think）：一人同時接同兩種互相違背的信念的行為。例如在小說中，政權宣稱「2+2=5」是真理，部分人雖然心底裡知道「2+2=4」才是真理，卻同時接受「2+2=4」及「2+2=5」這兩個互相矛盾的信念。因為這些人沒有批判和獨立思考的能力，所以根本意識不到兩者矛盾，所以才會對荒謬的舉動唯命是從。

「唯命是從」能夠造成極為邪惡的行為；最經典的例子，就是納粹德國對猶太大的大屠殺。猶太哲學家漢娜・鄂蘭（Hannah Arendt，1906-1975）在 1963 年的著作《艾希曼在耶路撒冷：一份關於平庸的惡的報告》（*Eichmann in Jerusalem: A Report on the Banality of Evil*）正是探討此課題。

1960 年，以色列從阿根廷把前納粹黨衛軍官、猶太人大屠殺的負責人阿道夫・艾希曼（Otto Adolf Eichmann，1906-1962）綁架到以色列受審。鄂蘭當時在公眾席上旁聽審訊，並發現艾希曼不是什麼狂熱納粹分子，而是極度平庸而平凡的人，於是便寫下《艾希曼在耶路撒冷》，以平庸之惡（banality of evil）去形容這種不分是非、無獨立思考、唯命是從因而犯下彌天大罪的行為，引起熱議。

鄂蘭首先留意到艾希曼自辯中對康德倫理學極度扭曲的理解。之前我們提到，康德義務論主張道德律則便為定言律令（categorical imperative），就是說道德律則必為適用於普遍情況下的規範，而人無條件而自願服從之。而定立這些道德律則的，不是外在的上帝、政府、父母、師長、社會文化等，而是自我作為立法者，而保證達至道德自律，而非道德他律。因此，康德認為每一個人都是道德主體，都是道德律則的立法者，只是由於人類共享相同的意識結構，所以每個人各自所立的道德律則都一致。可是，艾希曼卻扭曲地認為，他的立法者是希特勒，而他要無條件服從希特勒的所有命令，包括屠殺猶太人。鄂蘭驚覺，在艾希曼的證詞中，他根本對猶太人沒有絲毫的仇恨，而對於任何指控，艾希曼也只是反覆重申他是奉命行事；從納粹德國的法律來看，艾希曼只是一個奉公守法的「好市民」、「好官」。

　　鄂蘭的結論是：只要人放棄自己判斷道德善惡的能力，盲目服從權威，就會走向極端邪惡。

　　本章節作為本書的結論，希望讀者（尤其是中學生和大學生等年輕讀者），在學習哲學後，能夠堂堂正正做一個有獨立和批判思考的人，不會走向平庸之惡。本書成書時，正值在作者被困在澳門這個「疫政城市」的艱難時刻。正當全世界已經因為疫苗接種及病癒而戰勝 COVID-19 病毒，經濟活動恢復，出入境重開，生活回復正常之際，澳門竟然因為僅一千宗病例，由 6 月 19 日到 7 月中幾乎隔天就強制 60 萬人參與「全民病毒檢測」，7 月 11 日至 18 日更實行所謂「靜止狀態」，強制全城「非必要」工商業活動停業，還宣稱不戴 KN95 或以上規格的口罩等同犯法。入境繼續維持嚴苛的檢疫隔離措施，令不少外僱和留學生與家人分隔兩地近三年（2020年至 2022 年）。面對如此瘋狂、不合情理的措施，竟有不少人在澳廣視等澳門媒體的社交平臺或訪問中表示支持、贊成，甚至還認為政府措施不夠嚴苛。這些人就是平庸之惡民：沒有獨立和批判思考的能力，唯命是從。不過，艾希曼唯命是從，尚且可以被理解為貪圖權位；但這些平庸之惡民，明明一同受「疫政」措施之苦，卻還嫌疫政不夠嚴苛，追求嚴刑峻法。這

些人所展現的平庸之惡，或許已超越了鄂蘭的想像。

　　透過本書對於東西方傳統的形而上學、知識論、倫理學等哲學分科的簡介，本書希望各位讀者能夠掌握基本知識應付大學哲學通識之餘，亦能掌握思考的能力，面對二十一世紀這個亂世。今日的世界並不比春秋戰國或黑暗時代來得和平，只不過是混亂的形態改變而已。本書並不期望每位讀者都攻讀哲學，成為哲學家；正如哲學家齊克果希望找到「成為基督徒」的方法，本書只希望幫助讀者找到一個成為人的方向。

主後二〇二二年八月八日

聖道明日

延伸閱讀

王韜，《弢園文錄外編》香港：香港印務總局，1882。

牟宗三，《政道與治道》臺北：聯經出版，2003。

孟德斯鳩著，嚴復譯，《論法意》上海：商務印書館，1933。

洛克著，勞英富譯，《政府論》臺北：五南出版，2021。

黑格爾著、鄧安慶譯，《法哲學原理》北京：人民出版社，2017。

漢娜・鄂蘭著，施奕如譯，《平凡的邪惡：艾希曼耶路撒冷大審紀實》臺北：玉山社，2013。

盧梭著，馬君武譯，《盧騷民約論》上海：中華書局，1936。

霍布斯著，付邦譯，《利維坦》北京：商務印書館，1986。

韓非子著，俞婉君注譯，《韓非子》臺北：布拉格文創社，2019。

附錄：哲學寫作練習

　　哲學並不只存在於四書五經等哲學經典名著，也存在於動漫、漫畫、小說、電影甚至電視劇之中，有待大家發掘。本章以作者 2022 年任教大學哲學通識課程時的期末論文評分大綱（修訂版）爲例，作爲中學、大學哲學通識課程的參考論文評分標準，亦可成爲大家自行練習哲學寫作的工具。

　　論文題目：請選擇一套動漫、漫畫、小說、電影或電視劇，並回答以下其中一條問題：

1. 該作品如何表達你所學過的哲學或宗教世界觀？
2. 評價該作品角色何表達你所學過的哲學或宗教世界觀？
3. 評價該作品角色如何挑戰你所學過的哲學或宗教世界觀？
4. 從你所學過的哲學或宗教世界觀，批評該作品。

請根據所選擇的研究問題，自擬一論文題目。

　　留意，1 及 4 針對的是故事整體與整個「世界觀」的關係，而 2 及 3 針對的卻是特定角色與個別「價值」的關係。例如：

1. 該作品如何表達你所學過的哲學或宗教世界觀？
自擬題目：《流浪神差》裡的神道教世界
中心論點：流浪神差表達了神道教世界觀
2. 評價該作品角色何表達你所學過的哲學或宗教價值？
自擬題目：《天離地有多高》與普世愛
中心論點：《天離地有多高》的天使中澤伊織體現了基督宗教的普世愛
3. 評價該作品角色如何挑戰你所學過的哲學或宗教世界價值？
自擬題目：坂田銀時是武士嗎？

中心論點：《銀魂》的坂田銀時違反武士道「忠」的價值

4.從你所學過的哲學或宗教世界觀，批評該作品。

自擬題目：

中心論點：從佛學角度批評《火影忍者》宇智波佐助的人生充滿貪嗔痴

但哲學論文跟文學不同，不能單純描述（descriptive）或敘事（narrative），必須具有議論（argumentative）。因此，無論你回答哪一題，也要從多角度討論，從而證明其中一觀點比其他觀點更合理。具體方法可分成正反式與多觀點式。

正反式的例子：

1.該作品如何表達你所學過的哲學或宗教世界觀？

自擬題目：《流浪神差》裡的神道教世界

中心論點：流浪神差表達了神道教世界觀

正：神明本身無善惡，善惡取決於人，這跟神道教教導相符

反：神明無人信奉就會消失，但神道教相信自然皆有神，其存在與有無人信奉無關

2.評價該作品角色何表達你所學過的哲學或宗教價值？

自擬題目：《天離地有多高》與普世愛

中心論點：《天離地有多高》的天使中澤伊織體現了基督宗教的普世愛

正：中澤伊織以普世愛去愛每一個問題學生

反：中澤伊織沒有譴責守護對象犯罪

3.評價該作品角色如何挑戰你所學過的哲學或宗教世界價值？

自擬題目：坂田銀時是武士嗎？

中心論點：《銀魂》的坂田銀時違反武士道「忠」的價值

正：坂田銀時沒有主公，並反對眞選組的盲目效忠

反：坂田銀時以朋友身分展示對將軍大人的忠

4. 從你所學過的哲學或宗教世界觀，批評該作品。

自擬題目：《火影忍者》的貪嗔痴

中心論點：從佛學角度批評《火影忍者》宇智波佐助的人生充滿貪嗔痴

正：宇智波佐助妒忌旋渦鳴人

反：宇智波佐助也有慈悲的一面

　　上述只是簡化；爲了令論證更完整，每個正論及反論各須三論點、三論證及兩論據。

　　如採用多觀點式，則須有三觀點，每觀點各有兩論點（一正一反）、兩論證及一論據，例如：

1. 該作品如何表達你所學過的哲學或宗教世界觀？

自擬題目：《天離地有多高》與公義與慈愛

中心論點：《天離地有多高》反映了基督宗教裡公義與慈愛的張力

觀點一：《天離地有多高》認爲上帝的公義比慈愛更重要

正：天使相澤紫瑛批評罪人

反：紫瑛的言行遭到小説否定

觀點二：《天離地有多高》認爲上帝的慈愛比公義更重要

正：天使中澤伊織以愛引導人

反：伊織有縱容罪人之嫌

觀點三：《天離地有多高》認爲公義與慈愛可以平衡

正：中澤伊織成功引導柳禹錫化解仇恨

反：中澤伊織無法引導吉田櫻華放棄輕生

　　有這大綱後，就可以開始草擬引言。第一段應先以不多於三句總結故事內容，然後帶出跟哪一研究問題相關，再指出你的初步回應，及標示（sign-posting）你的論證，如下表所示：

故事大綱

在《銀魂》裡，坂田銀時跟他的朋友活在一個被天人佔領的世界。雖然他們看似已接受現實，然而一旦有朋友身陷險境，他們仍會挺身而出、英勇作戰，由於「勇」是儒家道德價值之一，

研究問題

本文旨在研究銀時是否體現了儒家的道德價值。

初步回應及標示

我認為由於勇氣是義的實現，而銀時除了實踐義和勇的價值外，還表達了仁的親親之情，故他充分展現了儒家的道德價值。

圖表 65

　　在建構引言後，就要開新一段，描述相關的角色人物及故事情節，然而長短理應適中：不要包括過多無謂枝節，但也不要過分簡略，令人無法掌握故事線。簡單來說，如果故事已經結束連載，可以大概解釋其開端、發展、高潮和結局；但如果未結束，或只是集中討論其中一話，就可集中描述相關內容。

　　接下來，若採用正反式，就是三段的立論，以及三段的駁論；若採用多觀點式，可以是三段觀點，或是六段（每觀點各一段正，一段反）。

　　論據就是故事中反映哲學或宗教理論或概念的例子，這很易理解。論點也就是要被證明的主張；問題是：如何撰寫論證呢？

　　在哲學文章裡，寫論證有其中兩種方法：第一種是推論，這亦是最理想的寫法。以演繹或歸納的方式推論這概念會帶來的始果。例如「耶穌主張愛人如己、愛你的仇敵，因此使徒願意跨越國族、文化界限，走到遠方福傳。」這就是因果關係的演繹。又例如：「由於荀子認為，生而有好利焉，順是，則爭奪生而辭讓亡；生而有疾惡焉，順是，則殘賊生而忠信亡。因此，順從人性則無善。」

　　另一種較簡單的方式，就是我獨創的 GPS 法：普遍（General）—個別（Particular）—特殊（Specific）。普遍是指理論或概念；然後將其拆開，描述其不同的方面或部分，即是個別。最後以特殊的事例或一段引文說明之，即為特殊。例如：十誡是基督宗教裡上帝所訂立的道德誡命（普遍）→第四誡為當守安息日（個別）→但耶穌卻多次違反安息日以指出死守律法字面條文無意義（特殊）。

　　GPS 法對於不習慣邏輯分析的人來說是最易上手的議論手法。除此以外，GPS 法更把論點跟論據天衣無縫的連接起來。例如論點是「《天離地有多高》的天使中澤伊織體現了基督宗教對自由意志的尊重」，然後論證分析「自由意志」這普遍概念所涉及的事情，如善和惡的選擇，最後論據提到「伊織容許其人類學生柳禹錫在善惡之間自行選擇」。

　　結論是最難寫的。結論除了要總結各論點以外，還要提出一套評價標準，評定正反或各觀點之中，誰最合理。而哲學跟自然科學不同，評價標準往往並非劃一的。例如題目是「《接下來是倫理課》的高柳老師從儒家角度來說是好老師」，在結論部分，若你以「己欲立而立人，己欲達而達人」為標準，則可以認為高柳老師因沒有強迫學生跟從自己的想法，所以是好老師。但如果以「師嚴然後道尊」為標準，可以說高柳因為沒有建立老師該有的威信，讓學生直呼其名，不分尊卑，所以不是好老師。最重要是：評價標準本身要有合理的前提，而評價的過程也要合理，要準確回應上述提到的論點，而且盡可能不要加入新的論據（但可以對有論點提出新的看法）。

　　此外，在語言風格上，無論是以漢文、英文，或是日文、韓文等語言書寫哲學文章也好，為了令讀者一目了然，除了注意避免錯字與文法錯誤外，也應善用學術句型。每一段可以用以下四種句型建構而成：

　　標題句／引入句（topic sentence/introductory sentence）：以首句表明全段中心思想。
　　支持句／發展句（supporting sentence/developing sentence）：支持或發展標題句的內容，必積前後相關，以免離題。
　　總結句（concluding sentence）：總結本段所述。除結論必須以外，其他段落可省略。
　　過渡句（transition sentence）：文章特殊的轉折位置，如由引言過渡到故事描述，由正過渡到反，就需要過渡句子，以表達意思轉變。

　　以下是我在 2022 年任教大學哲學通識課程時所採用的評分表：

指標 Parameters		分數 Marks　（正反式）	
評分標準一 AO1	題目以及研究問題的適切度 （Appropriateness）	10	
	故事描述的清晰度 （Clarity）	10	
	對宗教或哲學知識理解的適切度，包括： ◎ 參考資料或引文 ◎ 專業術語 ◎ 註腳 （3x2+3x2 論點＋2x2+2x2 論據）	20	
	故事與所討論的理論相關度（Relevancy）	10	
	語言風格，包括： ◎ 段落及句子結構 ◎ 語法 ◎ 拼字 ◎ 標點符號	10	60
評分標準二 AO2	完整性 （Comprehensiveness）：是否所有論點已被論證？（3x2 ＋ 3x2 論證）	12	
	知識理解的準確度 （Accuracy）	8	
	邏輯（Logicality）與結構： 結構合理性以及論證的流暢度	10	
	平衡論證（Balance Argument）：充分理解及批判分析所有觀點	10	40
總分			100

表格 5 正反式評分表

分數小計如下：

正反式

引言	研究問題 (10)	10
	故事描述的清晰度 (10)	10
正	3 個論點，每個 2 分 (6)	6
	3 個論證，每個 2 分 (6)	6
	2 個論據，每個 2 分 (4)	4
反	3 個論點，每個 2 分 (6)	6
	3 個論證，每個 2 分 (6)	6
	2 個論據，每個 2 分 (4)	4
結論	結論 (10)	10
整體	邏輯與結構：	
結構合理性以及論證的流暢度 (10)		10
知識理解的準確度 (8)		8
語言風格 (10)		10
故事與所討論的理論相關度 (10)		10
總分 (100)		100

	指標	分數（多觀點式）	
A01	題目以及研究問題的適切度（Appropriateness）	10	
	故事描述的清晰度（Clarity）	10	
	對宗教或哲學知識理解的適切度，包括： ◎ 參考資料或引文 ◎ 專業術語 ◎ 註腳 (2x2x3 論點 + 2x1x3 論據）	18	
	故事與所討論的理論相關度（Relevancy）	10	
	語言風格，包括： ◎ 段落及句子結構 ◎ 語法 ◎ 拼字 ◎ 標點符號	10	58
A02	完整性（Comprehensiveness）：是否所有論點已被論證？（3 + 3 論證）	12	
	知識理解的準確度（Accuracy）	8	
	邏輯（Logicality）與結構：結構合理性以及論證的流暢度	12	
	平衡論證（Balance Argument）：充分理解及批判分析所有觀點	10	42
總分			100

表格 6 多觀點式評分表

分數小計如下：

多觀點式

引言	研究問題 (10)	10
	故事描述的清晰度 (10)	10
觀點	2 個論點，每個 2 分 (4)	4
	2 個論證，每個 2 分 (4)	4
	1 個論據，每個 2 分 (2)	2
觀點	2 個論點，每個 2 分 (4)	4
	2 個論證，每個 2 分 (4)	4
	1 個論據，每個 2 分 (2)	2
觀點	2 個論點，每個 2 分 (4)	4
	2 個論證，每個 2 分 (4)	4
	1 個論據，每個 2 分 (2)	2
結論	結論 (10)	10
整體	邏輯與結構：	

結構合理性以及論證的流暢度

(10+ 額外獎勵分數 2)	12
知識理解的準確度 (8)	8
語言風格 (10)	10
故事與所討論的理論相關度 (10)	10
總分 (100)	100

　　教師如欲參考本書製訂教學大綱及評分標準，可以在 Excel 試算表設定公式，自動計算分數，甚至自動生成適當的評語。

　　上述評分表相對能較客觀反映學生的各項能力，以讓學生知道自己表現的優劣，同時亦方便教師評價學生的能力，撰寫適當的評語。

VIEW (128)

如何認識世界與自我：大學哲學通識入門
You Know What?--An Introduction to Philosophy for Undergraduate General Educations

作　　者—譚家博
主　　編—李國祥
企　　畫—吳美瑤
編輯總監—蘇清霖
董 事 長—趙政岷
出 版 者—時報文化出版企業股份有限公司
　　　　　108019臺北市和平西路三段二四〇號三樓
　　　　　發行專線—（〇二）二三〇六—六八四二
　　　　　讀者服務專線—〇八〇〇—二三一一七〇五
　　　　　　　　　　　（〇二）二三〇四—七一〇三
　　　　　讀者服務傳真—（〇二）二三〇四—六八五八
　　　　　郵撥——九三四四七二四時報文化出版公司
　　　　　信箱——〇八九九臺北華江橋郵局第九九信箱
時報悅讀網—http://www.readingtimes.com.tw
電子郵箱—genre@readingtimes.com.tw
法律顧問—理律法律事務所　陳長文律師、李念祖律師
印　　刷—絃億印刷股份有限公司
初版一刷—二〇二三年三月二十四日
定價—新臺幣四〇〇元

時報文化出版公司成立於一九七五年，
並於一九九九年股票上櫃公開發行，於二〇〇八年脫離中時集團非屬旺中，
以「尊重智慧與創意的文化事業」為信念。

如何認識世界與自我：大學哲學通識入門 / 譚家博
著. – 初版. -- 臺北市：時報文化出版企業股份有限
公司, 2023.03
　　面；　公分. -- (View ; 128)
ISBN 978-626-353-601-2(平裝)
1.CST: 通識教育 2.CST: 哲學 3.CST: 高等教育

525.33　　112002806

ISBN 978-626-353-601-2
Printed in Taiwan